Georg Cornelissen

Zwischen Köttelbecke und Ruhr

KLARTEXT

Eine Veröffentlichung des LVR-Instituts für
Landeskunde und Regionalgeschichte

Qualität für Menschen

Georg Cornelissen

Zwischen Köttelbecke und Ruhr
Wie spricht Essen?

Unter Mitarbeit von Hanna Mengen

2. Auflage Mai 2010

Satz und Gestaltung
Klartext Medienwerkstatt GmbH, Essen

Umschlaggestaltung
Volker Pecher, Essen

Druck und Bindung
AALEXX Buchproduktion GmbH, Großburgwedel

ISBN 978-3-8375-0308-1

www.klartext-verlag.de

Inhalt

Vorwort

Alltagssprache – sie prägt das Leben in einer europäischen Kulturhauptstadt ebenso wie das des kleinsten Dorfes auf dem Lande. Alltagsdeutsch ist immer lokal gefärbt und bietet den Menschen ein sprachliches Zuhause. Essen ist eben nicht nur dort, wo der Förderturm der Zeche Zollverein die Blicke auf sich zieht, Essen ist auch da, wo es nach Essen »klingt«. Was aber macht die Essener Alltagssprache aus?

Das LVR-Institut für Landeskunde und Regionalgeschichte (ILR) hat die Aufgabe, die Sprache der Region zu dokumentieren und zu erforschen. Wie sprechen die Menschen an der niederländischen Grenze, wie im Ruhrgebiet, wie in der Eifel? Was ist typisch, was auffallend an ihrer alltäglichen Sprache? Wo liegen deren Wurzeln, wodurch unterscheidet sie sich vom Hochdeutschen? Wie manifestiert sich die Geschichte einer Stadt oder einer Region in ihrer Alltagssprache? Das sind einige der spannenden Fragen, denen unsere Sprachabteilung tagtäglich nachgeht.

Das Besondere an dem vorliegenden Buch über Essen ist die Darstellung der Vielfalt und des Variantenreichtums innerhalb der Alltagssprache dieser Großstadt. Die sprachlichen Unterschiede zwischen dem Norden und dem Süden, die verschiedenen Sprachregister von Rentnern und Jugendlichen, die alltagssprachlichen Kompetenzen von Menschen ohne Migrationshintergrund und Menschen mit ausländischen Wurzeln – hier werden sie anhand vieler plastischer Beispiele vor Augen geführt.

Dass auf den folgenden Seiten auch so viele Details über die Sprache junger Essenerinnen und Essener zu finden sind, ist unter anderem den Lehrpersonen und Schulleitungen zu verdanken, die uns bei der Erhebung des Materials tatkräftig unterstützt haben. Zu nennen sind Vera Bittner (Goetheschule), Mechthild Hils (Berufskolleg West), Irene Jenderek (Gymnasium Essen-Nord-Ost), Annette Kaiser-Fleischer (Berufskolleg Ost), Willy Rasche (Berufskolleg Heinz-Nixdorf), Reinhold Schulte-Eickholt (Katholische Schule für Pflegeberufe), Gudrun Wilk-Mergenthal (Theodor-Heuss-Gymnasium) sowie ganz besonders Klaus Prepens (Städtische Gesamtschule Bockmühle), dessen Schülerinnen und Schüler sich schon an vorangehenden Sprachbefragungen des ILR beteiligt haben.

Es ist immer wieder eine Freude zu sehen, wie viele Menschen sich für die eigene Sprache interessieren und wie viele dem ILR ihre Unterstützung bei seinen Dokumentationen anbieten. Von denen, die Georg Cornelissen im letzten Jahr bei seinem Essen-Projekt auf die unterschiedlichste Art geholfen haben, seien hier namentlich genannt: Werner Bussick, Dr. Hans Gerd Engelhardt, Alfred Heinen, Helmut Johannwerner, Maria Luise Johannwerner, Yoko Krause, Svenja Leipelt, Christiane Ruoß, Ernst Ruoß, Susanne Schmitz, Rolf Selbeck, Agnes Tappe, Günter Voss sowie, in Düsseldorf, Ute Dicks und Horst Rosenbaum. Dank abzustatten ist weiter zwei dem Autor freundschaftlich verbundenen Personen, die seit langem seine Projekte, auch das mit diesem Buch abgeschlossene, unterstützen: Karl-Heinz Dicks und Georg Mentgen.

Innerhalb des ILR waren zahlreiche Kolleginnen und Kollegen beteiligt: Peter Honnen, der als Redakteur unseres Mitmachwörterbuches den Autor auf viele Besonderheiten des Wortschatzes hingewiesen hat, Michael Krieger, der die digitalen Fragebogenaktionen koordiniert hat, und Helene Schullenberg, die für die Versendung der Papier-Fragebögen zuständig war. Janine Overmann hat bei der Auswertung der Fragebögen mitgearbeitet, Giuliana Gilges-Richards die auf das Essener Deutsch bezogenen Befragungen in Düsseldorf durchgeführt. Die Essener Sprachkarten wurden von Esther Weiss und Martina Schaper gezeichnet.

Hanna Mengen hat 120 Interviews mit Essener Jugendlichen geführt, deren Ergebnisse im Anschluss quantitativ analysiert und auch die akustischen Sprachaufnahmen in Essen gemacht. Sie hat den Autor ferner beim Korrekturlesen unterstützt und ihn aufgrund ihrer Essen-Kompetenz auf zahlreiche interessante Einzelheiten der Alltagssprache zwischen Emscher und Ruhr aufmerksam gemacht.

Die Arbeit der ILR-Sprachabteilung lebt ganz entscheidend von der Unterstützung der Menschen vor Ort, ohne deren Hilfe wir die Alltagssprache mit ihren vielen Facetten und oft überraschenden Eigentümlichkeiten nicht so genau beschreiben könnten. Viele hundert Essenerinnen und Essener haben im Jahr 2009 die ILR-Fragebögen ausgefüllt oder sich für Interviews zur Verfügung gestellt und so dazu beigetragen, dass hier tatsächlich ein lebendiges Bild der Essener Sprache unserer Tage gezeichnet werden kann. Ihnen allen möchten wir noch einmal ganz herzlich danken!

Bonn, im Januar 2010

Dr. Eckhard Bolenz
Leiter des LVR-Instituts für
Landeskunde und Regionalgeschichte

Wie spricht Essen? Einleitung

Komma eem kucken! – Hasse dat schonn gehört? – Der geht nich inne Kirche. – Dat is doch alles Tinnef, wat die da erzählt! – Ich hab dat Pittermesser inne Köttelbecke gefunden. – Dem seine Olle is abgehaun. – Dawet en bissken mehr sein?

Über unsere Sprache sind wir mit der Heimat verbunden. Wenn es einen Essener nach Schleswig-Holstein oder nach Stuttgart verschlägt – seine Sprache nimmt er mit. Nicht nur, dass seine neuen Nachbarn sofort hören, dass er ein Zugereister ist. Der Essener wird Wörter wie *Kusselkopp* und *Köttelbecke, döppen* und *knibbeln* in der Fremde vermissen. Auch wenn Buxtehude oder Berchtesgaden auf die Dauer zu seiner neuen Heimat werden sollten – nach Fragen wie *Gehße mit anne Bude?* oder nach Aufforderungen wie *Fitsch ma eem umme Ecke!* wird er sich sehnen.

Die Sprache, die wir als Kinder lernen, werden wir nicht mehr los. Der Akzent, den wir uns in jungen Jahren aneignen, begleitet uns ein Leben lang. Das kann bedeuten, dass man sich im Urlaub unvermittelt mit der Feststellung konfrontiert sieht: »Sie sind aber auch aus dem Ruhrgebiet!« Essener und Essenerinnen, die heute das Rentenalter schon erreicht haben, haben in den 30er oder 40er Jahren des letzten Jahrhunderts von *bötschen* oder *dötschen* gesprochen, wenn »Fußball spielen« (*aufe Straße, nich im Verein*) gemeint war. Sie haben damals auch gehört, dass dieser kleine, aufdringliche Vogel, dem man auf Schritt und Tritt begegnen konnte, ein *Ötsch* ist. Und wenn die Lieblingstante zu Besuch kam, konnte es sein, dass sie ihre kleine Nichte liebevoll als *Ötsch* titulierte. *Bötschen, dötschen, Ötsch, Otten* und viele andere mehr – es sind Wörter, die ältere Essener auch heute noch drauf haben, während junge Leute bei diesen Vokabeln oft schon passen müssen: Sie haben sie nicht mehr gelernt. Das Essener Deutsch der jungen Essener im Jahre 2010 klingt anders.

Von *Klüngelskerl* bis *döppen*

»*Klüngelskerl* (Schrottsammler), *Pittermesser* (Gemüsemesser), *mit Schmackes* (mit Schwung), *jm. piesacken* (jm. ärgern), *lünkern* (heimlich gucken), *Plätzkes* (Kekse/Plätzchen), *jm. ist patzig* (jm. ist unfreundlich/sauer), *bolle-*

rig sein (unfreundlich sein; etwas lauter), *rumbollern* siehe *bollerig sein, gibbeln* (kichern), *etwas ist krubbelig* (etwas ist nicht glatt, z. B. eine krubbelige Oberfläche), *Schissbuxe* (Angsthase), *drömmeln* (langsam sein), *fudeln* (nicht ehrlich sein beim Spiel), *schmökern* (lesen), *bekloppt sein* (verrückt oder blöd sein), *Döspaddel* und *Döskopp* (Dummkopf), *stänkern* und *meckern* (schimpfen), *geh' mal fix* (schnell gehen), *döppen* (jm. unter Wasser tauchen)«
Essener(in) aus Frintrop, 1978 geboren
Auf einem Fragebogen zur Sprache Essens hatte es im Jahr 2009 unter Punkt 15 geheißen: »Welche für Essen oder für einen seiner Stadtteile typischen Wörter oder Wendungen vermissen Sie auf diesem Fragebogen?«

»Die wahre Heimath ist eigentlich die Sprache« meinte einst Wilhelm von Humboldt. Wer diesem Satz etwas abgewinnen kann, wird entdecken, dass diese Heimat oder, mit etwas weniger Pathos, dass dieses sprachliche Zuhause von ganz unterschiedlicher Größe sein kann. Kann ich mich über meine Sprache mit dem Ruhrgebiet identifizieren, dann ist zu hören: »Ich spreche Ruhrdeutsch« oder »Wir sprechen Pöttisch«. Ich kann in ihr aber auch die Verbundenheit mit meiner Vaterstadt Essen empfinden. Essener Deutsch ist immer auch Altendorfer Deutsch oder Frohnhausener Deutsch oder Werdener Deutsch – wer in seinem Stadtteil verwurzelt ist, wird, wenn ihm die eigene Sprache etwas bedeutet, sein Deutsch besonders gern hören. Die eigene Sprache – das vorliegende Buch ist für Menschen in Essen geschrieben, die an der eigenen Sprache hängen.

Die Großstadt Essen ist auch geographisch eine große Stadt, die hinsichtlich ihrer Ausdehnung mit manchem Landkreis konkurrieren könnte. Mit anderen Worten: Essen ist eine Sprachlandschaft. In einer Zeit, als alle noch Platt gesprochen haben, war diese Sprachlandschaft stark modelliert mit deutlichen Unterschieden im Wortschatz und mit Varianten in der Grammatik und in der Aussprache. In Borbeck oder Steele sagte man beispielsweise *bettken*, in Bredeney oder Heisingen dagegen *bettschen* (bisschen). In Katernberg oder Schonnebeck nannte man den Hund *Rüe*, während im Süden an der Ruhr von *Haund* oder *Hound* die Rede war. Überreste dieser alten Sprachgeographie lassen sich im heutigen Deutsch noch entdecken. So kennen alte Kettwiger noch den *Puhmann*, der nichts anderes ist als ein *Stutenkerl*; in Frintrop und Frillendorf könnte man sich jedoch die Hacken ablaufen und würde doch niemanden finden, der in seinem Leben schon einmal einen *Puhmann* gegessen hätte. Hier wirken das frühere Platt und seine Wortschatzbesonderheiten nach. Vieles, was heute charakteristisch für die Sprache zwischen Köttelbecke und Ruhr ist, war einmal im Dialekt zuhause: dazu gehören *Olle* und *Blagen*, *Pitschendopp* und *Pittermesser*, und *Kappes* ist das alte Dialektwort für Kohl. Für das Konzept dieses Buches war es deshalb wichtig, Zeugnisse des alten Platt heranzuziehen, auch wenn es im Jahre 2010 so gut wie niemand mehr in Essen spricht.

Der Norden und der Süden – in Essen dient dieses Begriffspaar dazu, die Welt zu gliedern. So liest man beispielsweise auf der Homepage der Fußballer von Schwarz-Weiß Essen »Willkommen beim Traditionsverein aus dem Essener Süden« (Stand: 29.6.2009). Schönebeck und Schonnebeck gehören ganz gewiss zum Norden, Kettwig und Kupferdreh zum Süden – wo beide Hemisphären aber aufeinander stoßen oder wo sie einander durchdringen, das wird sich je nach individuellem Standpunkt des Betrachters entscheiden. Sprachlich gesehen könnte die Demarkationslinie zwischen Rüttenscheid und Bredeney, zwischen Rellinghausen und Heisingen und zwischen Byfang und Kupferdreh verlaufen. Der »Süden« wäre damit deutlich kleiner, als er vielen Essenern vor Augen steht. Ich habe diese Einteilung nicht aus dem Hut gezaubert, sondern folge dabei einem Buch aus dem Jahre 1936. Dessen Autor, Helmut Hellberg, war der Letzte, der bewusst die alte Sprachvielfalt im Raum Essen erlebt hat, die damals noch eine Vielfalt der Dialekte war.

»Du kommst aber aus dem Süden.«

Mit diesen Worten kommentierte eine Studienrätin die Sprache eines Jungen, der von der Grundschule zum Gymnasium gewechselt war. Das Kind stammte aus Altenessen. Was meinte die Lehrerin: Einen Stadtteil im Süden Essens oder einen Stadtteil, in dem sie höhere Bildung vermutete?
Mitgeteilt von der Mutter des Jungen.

Warum jemand auf die Idee kommt, statt *tschüss* auf einmal *tschüssikowski* zu sagen, lässt sich nicht ergründen. Es hat viel mit einem sprachlichen Spieltrieb zu tun, der sich auch zeigt, wenn nach dem Vorbild des polnischen Lehnwortes *Mottek* (Hammer) aus einem Pastor ein *Pastek* gemacht wird und aus einem Fußball ein *Fussek*. Der Pastor allein genügt uns nicht, und Fußball ist auf die Dauer doch langweilig. Wir brauchen Abwechslung.

Nicht alle kennen alle Wörter, aber wir können uns doch aus einem großen Vorrat das jeweils passende aussuchen. Zum Essener Wortschatz gehören etwa *Kappes, Kokolores, Tinnef* oder *Pillepalle*: Wenn jemand Unsinn redet, wird eins davon schon mal schnell gebraucht, mal das eine, mal das andere. Jeder weiß, dass sie für die Schriftsprache nicht taugen, und in deutschen Wörterbüchern wird mit dem Etikett »umgangssprachlich« vor ihnen gewarnt. Dass sie manchmal so erkennbar dunkler Herkunft sind (ein Fragebogenbearbeiter schrieb sogar *Cocolores*), macht sie offenbar noch attraktiver.

Das LVR-Institut für Landeskunde und Regionalgeschichte hat in den Jahren 2000, 2002 und 2005 flächendeckende Spracherhebungen an Rhein und Ruhr durchgeführt. Aus Essen haben wir dabei insgesamt 112 ausgefüllte Fragebögen bekommen, mehr als die Hälfte davon von jungen Leuten unter 25 Jahren:

Fragebogen 2000: 11
Fragebogen 2002: 68
Fragebogen 2005: 33

Im letzten Jahr (2009) wurden dann zwei speziell für das Essener Deutsch entwickelte Fragebögen ins Internet gestellt; wer sich in der digitalen Welt nicht so gut auskannte, konnte die Fragen aber auch auf herkömmliche Weise beantworten und uns den ausgefüllten Bogen zuschicken. So kamen weitere 619 Fragebögen zusammen:

Fragebogen 2009-1: 465
Fragebogen 2009-2: 154

Das Material aus dem Jahr 2009 wurde nach Stadtteilen und nach dem Lebensalter der Fragebogenbearbeiter geordnet. Außerdem haben wir im Februar und März 2009 in drei Aktionen Jugendliche und junge Erwachsene (im Alter zwischen 16 und 25 Jahren) interviewt. Jedem Interview lag ein umfangreicher Fragekatalog zugrunde. Wir wollten wissen, ob der Informant oder die Informantin die vorgelegten Wörter oder Wendungen a) selbst verwendet, b) kennt, aber nicht selbst gebraucht oder ob sie ihnen c) völlig unbekannt waren. Drei verschiedene Fragekataloge wurden eingesetzt; jeweils 40 junge Leute, insgesamt also 120, machten dabei mit:

Interview 2009-1: 40
Interview 2009-2: 40
Interview 2009-3: 40

Da wir darauf geachtet haben, Menschen aus dem Norden und aus dem Süden zu befragen und da auch junge Leute mit Migrationshintergrund einbezogen wurden, lassen die Ergebnisse ganz aktuelle Entwicklungen im Essener Deutsch erkennen.

Alles Katernberg

»Alles Katernberg: *Knifte* (Butterbrot), *Hängen im Schacht* (jetzt geht es nicht mehr weiter), *Kerl inne Kiste, da wird der Hund inne Fanne verrückt* (Ausruf des Erstaunens), *Pi(e)selinten* (einfache Kleidung), *Köter* (Hund)«
Essener(in) aus Katernberg, 1963 geboren

Die Sprache, um die es in diesem Buch geht, wird hier »Essener Deutsch« genannt, ein Begriff, der erklärungsbedürftig ist. Essener Deutsch markiert den Gegenpol zu »Hochdeutsch«, wie es Gegenstand des Deutschunterrichts in der Schule ist. »Standardsprache« meint dasselbe wie Hochdeutsch. Viele Menschen, in Essen wie anderswo, sprechen im Alltag aber nur selten Hochdeutsch. Anders ist es, wenn wir schreiben. Sobald wir »zur Feder greifen«, gebrauchen wir gewohnheitsmäßig das Hochdeutsche (von neuen Entwicklungen im Internet einmal abgesehen). Dieses geschriebene Hochdeutsch, die »Schriftsprache«, bildet den Kern und den Ausgangspunkt vieler deutscher Wörterbücher und Grammatiken.

Das regional gefärbte »Essener Deutsch« wird in der Sprachwissenschaft als »regionaler Substandard« oder »standardnahe Umgangssprache« bezeichnet. Mir selbst ist dafür der Begriff »Regiolekt« viel sympathischer, weil er so schön zu »Dialekt« passt: Der Dialekt war in der Vergangenheit die lokal geprägte Sprache, bei der der Einheimische gut heraushören konnte, aus welchem Ort der Umgebung ein Sprecher kam. Ein Einwohner der Stadt Essen konnte deshalb einen Altenessener und einen Bredeneyer niemals miteinander verwechseln. Heute funktionieren die Regiolekte, auf anderer Ebene, ganz ähnlich: Sie erlauben die Unterscheidung zwischen benachbarten Sprachregionen: Das niederrheinische Deutsch, das westfälische Deutsch, das rheinische Deutsch – all diese Regiolekte haben ihre Eigentümlichkeiten und Erkennbarkeiten.

Wenn die Alltagssprache in den Städten des Ruhrgebiets gemeint ist, findet man oft Begriffe wie Ruhrdeutsch, Revierdeutsch oder Pöttisch. Claus Sprick gab seinem Wörterbuch »Hömma!« den Untertitel »Sprache im Ruhrgebiet«. Der Untertitel bei Jürgen Meyer (*wat is, is wat?*) lautet »Das Ruhrstadt-Wörterbuch«. Hilde Neuhaus, um ein drittes Beispiel zu nennen, schrieb auf den Umschlag ihrer Wortsammlung »… so spricht das Ruhrgebiet«. Mein Buch kommt aus einer ganz anderen Ecke: Nicht wie das große Ruhrgebiet spricht, sondern was für die Sprache Essens charakteristisch ist, interessiert hier, auch wenn es wohl nur wenige Wörter und Wendungen gibt, bei denen die Essener ein Exklusivrecht besitzen.

In einer Untersuchung zur Sprache alter Bergleute im Ruhrgebiet hat sich herausgestellt, dass Duisburg anders klingt als Dortmund. Die Alltagssprache an der Ruhr (»Ruhrdeutsch«, »Pöttisch«) ist kein Einheitsbrei und alles andere als ein homogenes Schmelztiegelprodukt. Sie changiert und variiert, und diese Varianz hat viel mit räumlicher Nähe und Entfernung zu tun. Gemessen am niederrheinischen Duisburg und am westfälischen Dortmund liegt Essen auch sprachlich irgendwo dazwischen. Essen selbst hat dann aber auch wieder ganz eigene Formen der Varianz zu bieten: zwischen Nord und Süd, zwischen Alt und Jung, zwischen Menschen, deren Großeltern hier schon gelebt haben, und Menschen mit Migrationshintergrund. Die einen sagen *Otten*, die anderen *Kötzen*. Das *Pöhlen* nennen die einen *dötschen*, während andere *zocken* sagen und wieder andere nur das vergleichsweise hochdeutsche *bolzen* kennen. Für die einen ist die *Köttelbecke* eher ein Abwasssergraben im industriellen Umfeld, die anderen haben bei der *Köttelbecke* einen idyllischen Bach vor Augen. Mit der *Köttelbecke* kann schließlich ja auch die Emscher gemeint sein, so dass das heutige Stadtgebiet Essens »Zwischen Köttelbecke und Ruhr« liegt.

Was macht also das Essener Deutsch aus, was klingt in den einzelnen Stadtteilen vielleicht unterschiedlich und warum differiert die Sprache der verschiedenen Generationen? Wie hat sich die Sprache zwischen Karnap und Kettwig, zwischen Köttelbecke und Ruhr im 20. Jahrhundert gewandelt und welcher Sprachvielfalt begegnet man heute? *Dadrum gehdet getz*!

Dat Pittermesser auße Köttelbecke Wörter, an denen Herzen hängen

Köttelbecke

In Essen kennen eigentlich fast alle das Wort, wenn man sich auch nicht einig darin ist, was es bedeutet. Die einen denken dabei eher an einen Abwasserkanal, die anderen an einen kleinen Bach. Auch die Emscher wird gerne so genannt (siehe S. 14). Wie das Wort einmal entstanden ist, lässt sich noch heute sehr schön erkennen: Es setzt sich aus *Köttel* und *Becke* zusammen. *Becke* (oder auch *Bäke, Bääk*) ist im Raum Essen die alte Bezeichnung für einen Bach. Ortsnamen wie Borbeck, Schönebeck oder Schonnebeck gehen auf Bachnamen zurück, nur dass das auslautende *-e* im Laufe der Jahrhunderte verloren gegangen ist. Sobald aber das Flüsschen gemeint ist, spricht man noch heute von der *Borbecke* (die bei Schloss *Borbeck* entspringt).

> *Betongrinne*
>
> »am meisten iss datt sonne Betongrinne vonne Emschagenossenschaft. Abba datt sachte man auch schomma für son Wässerken, watt nur füa zwei-jährige Ströppkes wien Bach aussieht«
> Essener(in) aus Frintrop, 1964 geboren

Köttel meint Kotklümpchen, eine Lautvariante ist *Kötel*. Viele Essener und Essenerinnen glauben, dass die Bezeichnung *Köttelbecke* solchen Kotklümpchen zu verdanken sei. Weil die kleinen Bäche in Zeiten, da die Kanalisation sich noch nicht durchgesetzt hatte, durch Ausscheidungen verunreinigt gewesen seien, habe man sie griffig *Köttelbecke* genannt. Eine besonders große *Köttelbecke* dieser Art war noch im 19. Jahrhundert die Themse, wie sie von Geert Mak in seinem Buch »In Europa« beschrieben wird:

»Die Londoner Armut lockerte niemals ihren Griff. Im Sommer stank die halbe Stadt nach Kot. Es gab über hundert verschiedene Kanalisationsnetze, verwaltet von acht verschiedenen *boards*, kommunalen Behörden. Bei starkem Regen lief alles über. Die Ausscheidungen von Millionen Einwohnern landeten zum größten Teil in der Themse. Vor den Fenstern des Parlaments hängte man zur Abwehr des Gestanks mit Chlorlösung durchtränkte Laken auf. 1858, im Jahr des *Great Stink*, erreichte die Geruchsbelästigung ihren Höhepunkt. Erst das Eingreifen der Regierung ermöglichte den Bau eines modernen Kanalisationsnetzes.«

Mit kotführenden Bächen und Flüssen hat man also zu rechnen, so dass die Herleitung von *Köttelbecke* als »Kotklümpchen-Bach« nicht von der Hand zu weisen wäre. Es bietet sich aber noch eine zweite Worterklärung an. Als *Köttel* wird ja in Essen (und nicht nur hier) auch ein kleines Kind bezeichnet, in anderen Teilen Nordrhein-Westfalens nennt man ein *I-Männeken* etwa *I-A-Köttel. Köttel* steht hier für ein »kleines Exemplar der Gattung«. Die Dialektsprecher im Raum Borken-Bocholt kennen als Bezeichnung für eine kleine Birne den Ausdruck *Köttelpeere* und Pfuscharbeit nennen sie *Köttelerij*. Eine *Köttelbecke* in diesem Sinne wäre also ein kleiner Bach. Im Band 5 des großen »Rheinischen Wörterbuches« ist nachzulesen, dass *Köttelbecke* in den Dialekten des Raumes Essen einmal bedeutete: »ein Bach, dessen Wasser langsam fliesst, Abflussbach«. Beide Herleitungen scheinen also möglich zu sein. Festzuhalten ist, dass die *Köttelbecke* ursprünglich einen Bach meinte; mit der Industrialisierung wurde das Wort dann auf deren Abwassersystem übertragen. Man kann es sich leicht vorstellen: Ein natürlicher Bach (eine *Köttelbecke*) wurde kanalisiert – und behielt seine Bezeichnung. Die Emscher, die aufgrund ihrer Größe eigentlich nicht als ursprüngliche *Köttelbecke* infrage kommt, wurde wegen ihrer Funktion für die Industrie ebenfalls so genannt.

Igitt!

»Igitt! Wie der Name sagt – ein kleiner Bach, in den Abwasser (mit Kötteln) eingeleitet wird oder offener Abwasserkanal. Da is Tommi mal reingefallen. Sein Mutta hat ihn im Garten abgespritzt. So stank der! Unser Onkel (Jahrgang 35) sagt, dass eine Köttelbecke einfach ein kleiner Bach ist. klein = Köttel, Becke = Bach.«

Essener(in) aus Steele, 1956 geboren*

Auf dem Fragebogen 2009-2 ist nach der Bedeutung von *Köttelbecke* gefragt worden. Wenn man einmal die übrigen Antworten beiseite lässt

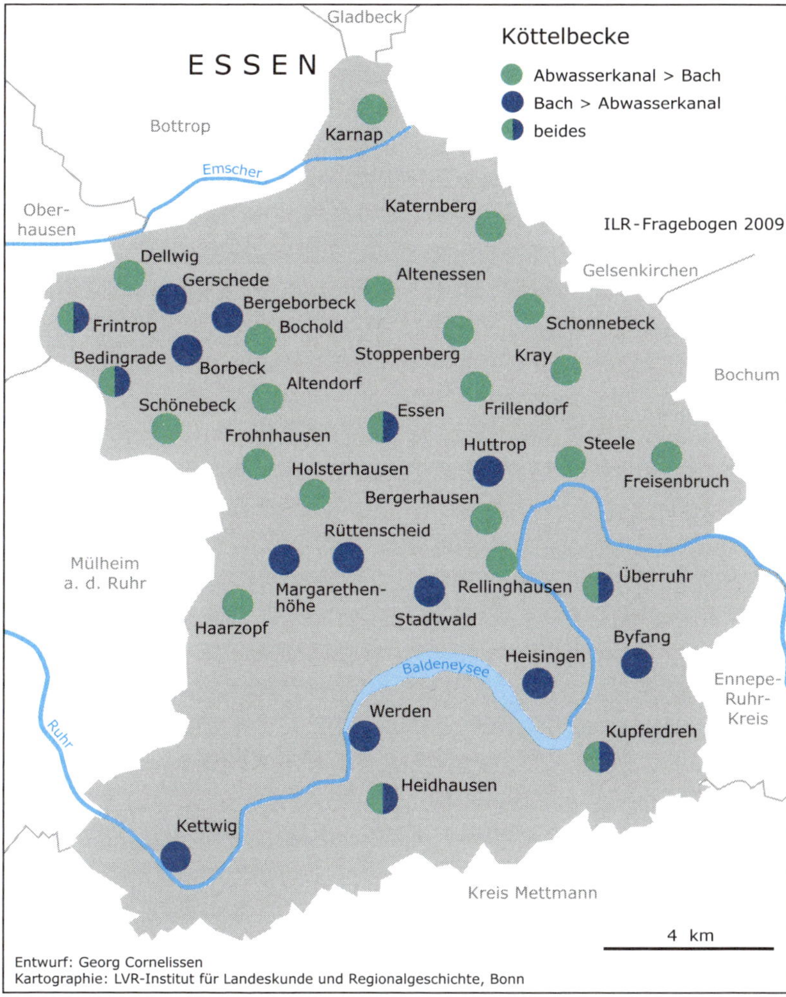

und nur zwischen Abwasserkanal/Kanal und Bach differenziert, bekommt man folgendes Kartenbild: Im Norden dominiert die Bedeutung Abwasserkanal (grün) und im Süden Bach (blau). Wenn in einem Stadtteil beide Bedeutungen bekannt sind, wird nur die häufiger genannte auf der Karte berücksichtigt. Halten sich die Angaben der Fragebogenbearbeiter die Waage, zeigt die Karte für den betreffenden Stadtteil das Halbe-Halbe-Symbol. Was für die Menschen in Essen eine *Köttelbecke* ist, hängt offenbar stark von ihrer Lebensumwelt ab: Dort, wo sie mit der Schwerindustrie und ihren Abwasserkanälen aufgewachsen sind, zeigte sich die *Köttelbecke* in ganz anderer Gestalt als im Süden der Stadt. Ob es sich hier um eine echte Wortkarte oder vielleicht eher um eine industriegeschichtliche Karte handelt, darf also diskutiert werden.

Die Susi inne Köttelbecke

»*Pittermesser* (kleines Küchenmesser) – *Wat is denn hier Ambach?* (Was ist hier los?) – *Stutenkerl* (*Weckmann* im Rheinischen) – *einen Fitsch machen* (ein gutes Geschäft machen) – *Schnittken* (Scheibe Brot) – *Knäppken* (Brotkanten) – *Kumpel* (guter Freund) – *Fiesematenten* (Quatsch machen) – *Heiopei* (Doofkopp) – *Köttelbecke* – *Dünnflitsch* (Durchfall) – *frickeln* (basteln) – *Blagen* (Kinder) – *ratzen* (schlafen) – *Ratzefummel* (Radiergummi) – *Mottek* (Hammer) – *Susi* (Schlagbohrmaschine) – *Fott* (Hintern) – *stickum* (teilnahmslos) – *Killefitt* (Nippes) – *Kawenzmann* (großer Gegenstand) – *kiebig* (kratzbürstig) – *usselig* (ungemütlich) – *sich verfransen* (sich verfahren)«
Essener(in) aus Altendorf, 1972 geboren

40 junge Essener haben wir 2009 nach *Köttelbecke* gefragt. 14 von ihnen kannten das Wort überhaupt nicht, vier weitere sagten, es nie zu gebrauchen. Bleiben noch 22, die – nach eigenem Bekunden – im Alltag, wenn es angezeigt ist, von der *Köttelbecke* sprechen. Es hat den Anschein, dass sich Jugendliche das Wort vor allem in den Stadtteilen aneignen, in denen es (eher) Abwasserkanal bedeutet. Zwölf der 40 Befragten stammten aus dem Süden – nur zwei von ihnen verwenden das Wort. Umgekehrt lagen die Verhältnisse im Norden: dort gehörte *Köttelbecke* bei 20 von 28 jungen Leuten zum Alltagswortschatz. Für keinen der von uns interviewten Jugendlichen war die *Köttelbecke* ein Bach. Wenn sich diese Entwicklung fortsetzt, könnte *Köttelbecke* in absehbarer Zeit seine ursprüngliche Bedeutung ganz verlieren – zumindest im Essener Raum.

Die *Keutelbeek* von Beek

Dass das Wort *Köttelbecke* in grauer Vorzeit in Essen entstanden ist, wäre durchaus möglich, ist aber nicht zwingend notwendig. *Becke* (*Bäke, Bääk, Beck*) als Bezeichnung für den Bach ist weit verbreitet, und eine *Köttelbecke* hat man auch anderswo. Im niederländischen Ort Beek (Provinz Limburg) etwa taucht sie als *Kötelbeek* (auf Niederländisch *Keutelbeek* geschrieben) auf bzw. zurzeit doch wieder nicht auf. Denn dieser kleine Bach ist wie so viele andere vor Jahren unter die Erde gebracht worden.

Bütterken

Simon, willze noch en Bütterken? Ist das Butterbrot, das hier angeboten wird, besonders klein? Kann sein, muss aber nicht. Natürlich sollen Wörter mit Verkleinerungssilbe oft etwas Kleines, Niedliches, Süßes benennen: *dat Schätzchen, dat Herzken.* Aber die Einladung *Komm, wir trinken noch en Gläsken!* kann auch der Anfang eines Gelages sein. Und wenn man aufgefordert wird, nur eben ein *Momentchen* zu warten, kann das *ewich* dauern.

Dat Bütterken ist eines jener Wörter, die in kaum einer Wortsammlung zur Sprache an der Ruhr fehlen. Aus Essener Sicht ist es ein »Lehnwort«: es stammt, wie eine Karte im »Deutschen Wortatlas« zeigt, aus dem sich östlich anschließenden Raum. Überspitzt gesagt: *Dat Bütterken kommt aus Dortmund.* Das alte Essener Wort für das doppelte Butterbrot hieß *Botteram* oder *Butteram.* Es kommt noch in einer Variante des Ansingeliedes »Ich bin ein kleiner König« vor, wie es vor einigen Jahren auf einem Essener Schulhof aufgenommen wurde:

»Ich bin ein kleiner König.
Gib mir nicht zu wenig.
Gib mir nicht zu viel
Mit dem Besenstil.
Laß mich nicht zu lange stehn,
Muß noch ein Häuschen weitergehn,
Von hier bis nach Essen,
Da gibt es was zu fressen.
Von hier nach Amsterdam,
Da gibt es tausend Butteram.«

Man könnte einwenden, *Butteram* tauche hier im Schlussvers nur auf, weil es sich so schön auf Amsterdam reimt. Oder weil es an das niederländische Wort *boterham* erinnern soll, das dieselbe Bedeutung wie *Butteram* hat. Die Karte im »Deutschen Wortatlas« belegt aber ohne jeden

Zweifel, dass *Butteram* früher einmal das Dialektwort im Raum Essen war.

Ein *Bütterken* aus Überruhr

»*Tinnef* (für Unsinn), *Pittermesser* (für Schälmesser), *Klüngelspitt* (für fahrenden Schrotthändler), *Mottek* (für Hammer), *Kawenzmann* (für grosse Dinge), *Bullemann* (für Nasenpopel), *Maloche* (für Arbeit), *Bütterken* (für Butterbrot), *Patte* (für Portemonai), *Hunni* (für 100 Euro)«
Essener(in) aus Überruhr, 1956 geboren

Wir haben uns bei 40 jungen Leuten in Essen danach erkundigt, wie sie ein doppeltes Butterbrot nennen. Auf *Butterram* kam niemand. *Butterbrot* (*doppeltes B., belegtes B.*) wurde am häufigsten (zwölfmal) genannt, fünfmal hieß es lapidar *Brot. Bütterken* fiel dagegen nur einem der Jugendlichen ein. Weitere Bezeichnungen im Wortschatz dieser Essener sind *Stulle* (siebenmal genannt), *Knifte* (fünfmal), *Doppeldecker* und *Dubbel* (je zweimal). Nicht weniger als achtmal wurde *Sandwich* gesagt; ob damit aber noch herkömmliche Butterbrote gemeint sind, muss hier offen bleiben.

Zehn der 40 Jugendlichen hatten einen Migrationshintergrund. Einer von ihnen war derjenige, der als einziger das *Bütterken* ins Spiel gebracht hatte.

Im Anschluss wurden die jungen Essenerinnen und Essener dann noch gezielt danach gefragt, ob sie das Wort *Bütterken* denn überhaupt kennen. 14 von ihnen, darunter sieben aus Zuwandererfamilien, hatten *Bütterken* noch nie gehört. Neben dem Jugendlichen, der *Bütterken* von sich aus genannt hatte, meinten nun drei weitere, dieses Wort im Alltag doch zu benutzen, wobei beide Arten des Butterbrotes so bezeichnet werden können. Mehr als die Hälfte der Jugendlichen (22) wollte das Wort zwar kennen, nicht aber gebrauchen. Das *Sandwich* hat bessere Zukunftschancen!

Pittermesser

Im Herbst 2009 lief im WDR-Fernsehen ein Sprachquiz. Täglich galt es ein regional verankertes Wort aus Nordrhein-Westfalen zu erraten. Dabei waren die Zuschauer und Zuschauerinnen der Sendung »daheim und unterwegs« aufgefordert, selbst Wörter für weitere Quizrunden vorzuschlagen. Eine Frau aus Rheda-Wiedenbrück schrieb damals an die Redaktion: »Liebes Fernsehteam, meine Oma und meine Mutter benutzten immer das Wort Pittamesser für ein kleines Messer zum Kartoffelschälen, wir kommen alle gebürtig aus dem Ruhrpott, hier kennt man dieses Wort nicht …«

Mit *Pittamesser* war das *Pittermesser* gemeint. Das Wort setzt sich aus *Pitter*, einer regionalen Variante des Vornamens *Peter*, und *Messer* zusammen. Der Frau aus Rheda-Wiedenbrück war die Wortherkunft nicht bekannt, so dass sie es nach der Aussprache schrieb. Das Schriftbild erinnert dann an die Orthografie eines in Imbissbuden angebotenen Fladenbrotes. Wo ein Satz wie *Der Opa geht in die Oper* wie *Der Oppa geht inne Opa* klingt, kann aus dem *Pittermesser* schon mal leicht ein *Pittamesser* werden.

Essener Hitliste

1. *Pittermesser*, 2. *Bude*, 3. *hömma*, 4. *wat*, 5. *malochen*, 6. *Köttelbecke*, 7. *Knifte*, 8. *Fisematenten*, 9. *Bütterken*, 10. *dat.*

Ergebnis des Fragebogens 2009-1

Unter den bei Essenern beliebten Wörtern nimmt *Pittermesser* eine Spitzenposition ein. Als auf dem ersten Fragebogen zum Essener Alltagsdeutsch im Jahr 2009 darum gebeten worden war, Wörter zu ergänzen, landete *Pittermesser* auf Platz 1. Zweimal wurde dabei *Pittamesser*, einmal auch *Pitamesser* geschrieben. Warum die Menschen bei ähnlichen Umfragen bestimmte Wörter bevorzugen und andere links liegen lassen, ist oft schwer zu sagen. Vor einem Rätsel stehen die Sprachwissenschaftler etwa, wenn es um das Dialektwort *Schottelplack* im Rheinland steht. Das Wort bedeutet Spültuch, ist aus *Schottel* »Schüssel« und *Plack* »Tuch, Lumpen« zusammengefügt und steht bei den Menschen am Rhein so hoch im Kurs, dass es regelmäßig auf dem ersten Platz landet. Warum? An der Sache, die so bezeichnet wird, kann es ja wohl nicht liegen. Denn was gibt es Unscheinbareres als ein Spültuch? Noch interessanter wird die Geschichte, wenn man sieht, dass auch jenseits der rheinländisch-niederländischen Grenze *Schottelplack* zu den absoluten Lieblingswörtern der Dialektsprecher gehört – was auch dort durch Umfrageergebnisse abgesichert ist.

In Essen kommt man also um das *Pittermesser* nicht herum. Zweifel sind angebracht, ob diese Vorliebe etwas mit dem Messerchen an sich zu tun haben könnte. Immerhin fällt auf, dass auch anderswo in NRW regionaltypische Bezeichnungen für das kleine Küchenmesser gehätschelt werden. *Hümmelken* ist so ein Synonym oder auch das bergische *Zöppken*. Dass *Zöppken* in Solingen, der Stadt der Schneidwarenindustrie, sogar zu einer Art Nationalwort werden konnte, steht allerdings auf einem anderen Blatt. Im Falle des Essener *Pittermessers* muss die Faszination vom Wort selbst ausgehen – ähnlich wie beim *Schottelplack* im Rheinland. Beides sind Wörter, die den Menschen ans Herz gewachsen sind. Anderswo – etwa in Rheda-Wiedenbrück – erntet man damit Unverständnis.

> *Hümmelken, Hümpken, Klöschen* (sprich: *Klös-chen*), *Küchenpitter, Schnitzerchen, Zöppken* – andere nordrhein-westfälische Bezeichnungen für das *Pittermesser.*

465 Essener und Essenerinnen haben den Fragebogen 2009-1 ausgefüllt. Den 27 Gewährspersonen, die darauf für *Pittermesser* votiert haben, entspricht ein Anteil von knapp 6 Prozent. *Bude* wurde von 23 Informanten ergänzt, *hömma* (hör' mal) war auf 16 Fragebögen zu finden. *Bütterken* und *dat*, die beiden letzten Wörter der Zehnerliste, kamen auf je neun Nennungen. In einem Halbsatz wie *Dat Pittermesser auße Köttelbecke* … sind also gleich drei Essener Lieblingswörter enthalten.

Übrigens: Da man anderswo im Ruhrgebiet eher *Hümmelken* als *Pittermesser* sagt, ist die Wahrscheinlichkeit groß, dass Großmutter und Mutter der Frau in Rheda-Wiedenbrück aus Essen (oder aus anderen Orten im Westen des Reviers) stammen.

Bude

»Die Bude ist ein lebendiges Stück Ruhrgebiet. Rund 18.000 der für das Revier so typischen kleinen Verkaufsstellen gibt es heute noch. Die Herner Fotografin Brigitte Kraemer hat im Auftrag des Landschaftsverbandes Westfalen-Lippe (LWL) drei Jahre lang mit ihrer Kamera Kioske und Trinkhallen in den Focus genommen.« So warb das LWL-Industriemuseum im Jahr 2009 für seine Ausstellung auf Zeche Hannover in Bochum. »Die Bude« lautete der Titel der Ausstellung, über deren Thematik sich niemand gewundert haben wird. Die Bude ist eben »ein lebendiges Stück Ruhrgebiet«, das man nicht in rosa Scheinwerferlicht tauchen muss, um es zu würdigen. »Die Bude ist typisch Ruhrpott. Die ›Klümkesbude‹ für die Blagen, die ›Trinkhalle‹ für die Alten. Sie war allgemeiner Treff im Vorort. Hier war die Nachrichtenbörse. Die Bude ist heute als ‚Kio' moderner geworden. Doch richtige ›Büdkes‹ findet man immer noch im Pott« schreibt Jürgen Meyer in seinem Wörterbuch »*wat is, is wat?*« zum Stichwort »Bude«.

Bei den Essenern landet *Bude* auf einem der vorderen Plätze, wenn man sie nach ihren Lieblingswörtern fragt (siehe S. 21). Das hat wenig mit dem Wort selbst und viel mit der Sache zu tun. Anders als *Köttelbecke, Bütterken* oder *Pittermesser* steht *Bude* in jedem deutschen Wörterbuch. Mittelalterliche Lautvarianten von *Bude* waren *buode* (im Süden Deutschlands) oder *bode* (im Norden). *Bude* ist heute ein im deutschen Sprachraum allgemein verbreitetes Wort und erinnert phonetisch an *Bote* oder *Buße*, klingt also ganz unspektakulär. Aber weil sie nun einmal die Trinkhalle bezeichnet, die in den Erinnerungen des Einzelnen eine so große Rolle spielt, oder weil sie vielleicht noch heute im eigenen Leben so wichtig ist, hat die *Bude* für die Menschen in Essen oder Bochum eben doch einen ganz anderen Klang als *Bote* oder *Boot*. Wenn auf Zeche Hannover jemals eine Bootsausstellung präsentiert werden sollte, wird der Ankündigungstext eine völlig andere Note haben.

»Fast jeder hat sein Stamm-Büdchen im Veedel ...«

Büdchen – im Sinne von Trinkhalle oder Kiosk – gibt es nicht nur an der Ruhr. Auch dem Kölner ist sein *Büdchen* ans Herz gewachsen. Dazu eine Tageszeitung vom Rhein: »Die Kölner haben ein ganz besonderes Verhältnis zu ihren

Kiosken. Fast jeder hat sein Stamm-Büdchen im Veedel, wo es – fast – alles gibt. Und das Verzällche mit dem Betreiber kostenlos dazu.« *Veedel* = Stadtviertel, *Verzällche* = Schwätzchen.

Kurze Fuffzehn

Es kommt selten vor, dass einem Wort ein Denkmal gesetzt wird. In Essen gibt es vielleicht einen solchen Fall. Wer zum ersten Mal zu einem Fußballspiel von Rot-Weiss ins Georg-Melches-Stadion kommt, stößt hier auf die Statue eines Bergmanns, der gerade eine Pause macht. Die Figur wird »Kurze Fuffzehn« genannt nach der regional üblichen Bezeichnung für ein (kurzes) *Päusken aufe Arbeit*. Wahrscheinlich stand der sprachliche Ausdruck *kurze Fuffzehn* aber doch nicht an erster Stelle, als die Idee für dieses Denkmal geboren wurde. Es sollte wohl eher die Verbundenheit mit dem Bergbau zum Ausdruck bringen. Aber immerhin: Man hätte die Statue auch ganz anders nennen können; »kurze fuffzehn« heißt übrigens auch die Stadionzeitung des Vereins im Essener Norden.

Kurze Fuffzehn ist ein Ausdruck, der den Menschen in großen Teilen Deutschlands, besonders in der Nordhälfte des Landes, geläufig ist. Er kann unterschiedliche Bedeutungen haben: Wer *kurze Fuffzehn* macht, der legt entweder eine kleine Arbeitspause ein (siehe Essen) oder er macht kurzen Prozess. Die Arbeitspause ist beispielsweise in Hamburg als *Fofftein* bekannt, sie trägt an der Elbe also noch ihre alte Dialektbezeichnung. Dagegen ist in Essen das ursprüngliche Dialektwort gegen das umgangssprachliche *fuffzehn* eingetauscht worden. Im Dialekt von Byfang klingt das Zahlwort 15 wie *fifftiën*. *Kurze Fuffzehn* wäre auf Platt also *korte Fifftiën*.

Een, twee, drei, veer, fief, sess, sewen, acht, neggen, tiën, elf, twölf, drüttiën, veertiën, fifftiën, sesstiën, semntiën, achtiën, neggentiën, twintig – so wurde in Byfang früher (auf Platt) bis 20 gezählt. In der Umgebung von Byfang hörte es sich nicht viel anders an.

Alternative Namen für die Bergmannsstatue in Essen wären »Kurze Pause« gewesen oder vielleicht »Ausruhen von der Arbeit«. *Kurze Fuffzehn* klingt anders: Vertrauter, normaler, näher dran. *Kurze Fuffzehn* steht für »eigene Sprache«, für »wir hier«. Ein hochdeutscher Ausdruck an dieser Stelle könnte dieselbe Wirkung nicht entfalten. Natürlich berühren uns auch hochdeutsche Wörter und Texte. Ein schönes Gedicht oder ein Kirchenlied müssen ja nicht erst ins Essener Deutsch übersetzt werden, um uns zu bewegen. Das Hochdeutsche kommt allerdings dann nicht gegen den Regiolekt, gegen die örtliche Sprache, an, wenn es hier Ausdrücke und Wörter gibt, die den Menschen ans Herz gewachsen sind: *Pittermesser, Köttelbecke, Ötsch, kurze Fuffzehn* – das ließe sich natürlich auch auf Hochdeutsch sagen: Aber *Küchenmesser, Abflussgraben, Sperling* und *kurze Pause* klingen eben ganz anders: neutral, vielleicht sogar vergleichsweise steril.

Das gilt, bezogen auf *Pittermesser* oder *Ötsch,* wohlgemerkt nur für Essener und Essenerinnen (und auch für Menschen in der näheren oder weiteren Umgebung)! Bayern oder Mecklenburger leben in ihren eigenen Sprachwelten. Dort weiß man nicht einmal, was ein *Pittermesser* ist. Dass dieses Wort den Menschen am Alpenrand oder Ostseestrand gleichgültig ist, darf in Essen niemanden überraschen.

D'r Jupp

Die niederländische Stadt Kerkrade liegt nicht weit von Aachen. Auf dem dortigen Marktplatz steht die Bronzestatue eines Bergmanns, die an die Vergangenheit der Stadt als Zechenstandort erinnern soll. *D'r Jupp* (in niederländischer Schreibweise: *D'r Joep*) heißt das Denkmal. Das ist Dialekt, zugleich aber der offizielle Name der Statue. *Un wat macht d'r Jupp? Kurze Fuffzehn? – Nä, dat nich, abber am malochen isser au nich.*

Vor einigen Jahren brachte Bodo Mrozek ein »Lexikon der bedrohten Wörter« heraus. Vier der Stichwörter waren *Duttengretel, Erdapfel, Hahnrei* und *Sättigungsbeilage.* Einmal angenommen, diese Wörter sind tatsächlich zum Untergang verurteilt – in Aachen, Essen oder Bielefeld wird ihnen wohl kaum jemand eine Träne nachweinen. Ein Grund dafür ist, dass Wörter wie *Duttengretel* oder *Hahnrei* schon lange nicht mehr zum aktiven Wortschatz der Menschen in Nordrhein-Westfalen gehören (wenn sie hier überhaupt jemals verwendet worden sind!). Das ist anders, wenn man ältere Essener auf *Ötsch* oder *Pitschendopp* anspricht, Wörter, die sie mit ihrer Kindheit verbinden, Wörter, bei denen es ihnen warm ums Herz wird.

»Wörter, an denen Herzen hängen« ist dieses Kapitel überschrieben, das noch viel länger hätte werden können. Neben *Bütterken* würde auch *Knifte* einen eigenen Abschnitt verdienen, ebenso *Kokolores* und *Tinnef, döppen, Klüngelskerl* und *Pitschendopp* und viele andere. Es sind Wörter, die in Essen Bestandteil der sprachlichen Identität sind. Wörter, die, wenn sie in den Mund genommen werden, die Menschen spüren lassen, dass sie hier zuhause sind.

Die Schwatten und die Roten
Essener Sprachwurzeln

Das alte Platt von Essen

40 hochdeutsche Sätze sollten die Essener Schüler damals für ihren Lehrer in den Dialekt übersetzen. Die Übersetzung des Satzes 8 lautete: *De Fäute daut mi sehr weh, eck gläuw, eck häww se dörch gelaupen.* Satz 3 klang auf Platt so: *Dau Kohlen in den Owen, dat de Melk bolle an te kocken fängt.* In der heutigen Alltagssprache Essens könnte er heißen *Tu ma Kohle(n) innen Ofen, dattie Milch bald an zu kochen fängt* – wenn man einmal davon absieht, dass Kohleöfen mittlerweile aus der Mode gekommen sind. Damals aber, als die Schüler die Sätze übertragen haben, wurde überall noch mit Kohle geheizt. Das war in den 80er Jahren des 19. Jahrhunderts.

Zusammengestellt hatte diese 40 Sätze der Sprachforscher Georg Wenker, der einen Dialektatlas für das Deutsche Reich bzw. für das deutsche Sprachgebiet schaffen wollte. In jeden Ort, in dem es eine Schule gab, schickte Wenker einen Brief mit der Bitte, die von ihm vorgegebenen Sätze durch Schüler in den eigenen Dialekt übertragen zu lassen. Dem Lehrer kamen dabei die Aufgaben eines Vermittlers und Sekretärs zu: Er sollte, was die Schüler sagten, akkurat zu Papier bringen und die Übersetzung dann im Anschluss nach Marburg schicken, wo Georg Wenker mit seinem Atlasprojekt angesiedelt war. Nur wenn die Lehrpersonen aus dem Ort, in dem sie tätig waren, stammten, konnten sie, so wollte es der Marburger Forscher, auch selbst die Übersetzungsaufgabe übernehmen.

In Essen landete Wenkers Schreiben bei dem aus Barmen stammenden Lehrer Ernst Klingholz. Die Übersetzung überließ er wunschgemäß seinen Schülern. Der Lehrer in Frintrop, Herm. Horst, war ein gebürtiger Rellinghausener. Auch er pfuschte seinen Schulkindern nicht ins Handwerk: Die Dialekte von Frintrop und Rellinghausen waren nicht dieselben! Um 1885, als diese Aktion stattfand, waren die Jugendlichen noch ohne weiteres in der Lage, aus dem Hochdeutschen in den Dialekt zu übersetzen. Auch wenn wir nicht genau wissen, wie groß der Prozentsatz Dialekt sprechender Kinder damals in Essen war: Georg Wenkers Bitte konnte man hier wie überall an Rhein und Ruhr problemlos nachkommen. Noch sprach man Platt.

Als die Essener später ihr Platt aufgaben, wurde manches Wort daraus in das Alltagsdeutsch übernommen und dort in derselben Lautung benutzt, beispielsweise *Blagen* oder *Buxe*, *fitschen* oder *kloppen*. Viele Dialektwörter wurden allerdings gegen ihre hochdeutschen Äquivalente eingetauscht. Aus *Owen* wurde *Ofen*, *Melk* sprach sich jetzt *Milch* aus usw. Wie stark sich das alte Platt vom Hochdeutschen unterschied und wie gravierend der sprachliche Trikotwechsel war, sollen einige weitere Wenker-Sätze aus Essen demonstrieren. Die hochdeutsche Version ist dabei buchstabengenau diejenige, die der Marburger Forscher an die Schulen geschickt hatte:

De godde olle Mann es met dem Pähd dörch et Ihs gebrocken un in dat kolle Water gefallen. – »Der gute alte Mann ist mit dem Pferde durch's Eis gebrochen und in das kalte Wasser gefallen.« (Satz 4)

Jitt dörwet nich solke Kinnerieen driewen. – »Ihr dürft nicht solche Kindereien treiben.« (Satz 28)

Eck sie met de Lühe do achtern öwwer de Wiesche in et Korn gefahren. – »Ich bin mit den Leuten da hinten über die Wiese ins Korn gefahren.« (Satz 40)

Im Dialekt fehlte also bei den Wörtchen *es*, *un* und *nich* der abschließende Konsonant, wie er im Hochdeutschen, zumindest in seiner schriftlichen Form, vorhanden ist (*ist, und, nicht*). Wenn man heute in Essen *is*, *un* oder *nich* sagt, wird also an eine alte Sprechtradition angeknüpft. *Dattat so is un nich anders, dat kannze anne Wenker-Sätze sehn.*

dat

Wer heute mittelalterliche Texte aus Essen liest, wird auf viele Wörter stoßen, die er überhaupt nicht kennt. In einer Urkunde aus dem Jahr 1350 wird etwa ein Mann namens *herman kerchellen* genannt, von dem es heißt, er sei *buntmekere*. Er war Pelzmacher oder Kürschner: *bunt* bedeutet Pelz und *mekere*, abgeleitet von *maken*, Macher. Dieser *buntmekere* spendete damals Wachs und Geld; beides sollte unter anderem für Lichter verwendet werden, die, wie es an anderer Stelle in dieser Urkunde heißt, im Essener Münster *bouen vme den koer* standen, was mit »oben um den Chor« zu übersetzen ist. In diesem *bouen* wird wohl kaum jemand, der sich nicht mit mittelalterlicher Sprache beschäftigt hat, unser *oben* erkennen.

Der Anfang der genannten Urkunde, die sich im Archiv des Stiftes Essen befindet, lautet: *Cundic si allen luden dey dissen breyf seyt efte horet lesen Dat Ich herman kerchellen dey buntmekere eyn burgere Tho Essende geue ende hebbe ghegeuen* … In heutigem Deutsch: »Kund sei allen Leuten, die diese Urkunde (diesen Brief) lesen oder hören lesen, dass ich, *herman kerchellen*, der Pelzmacher, ein Bürger zu Essen, gebe und gegeben habe …«. Es folgt dann der Inhalt seiner Schenkung.

Hochdeutsches *das* (und *dass*) ist aus älterem *dat* entstanden, wie es in dieser Textpassage zu finden ist (hier mit großem *d: Dat*). Analog dazu geht hochdeutsches *Wasser* auf älteres *water* zurück, hochdeutsches *Fass* auf *vat*, *setzen* auf *setten* oder *schwarz* auf *swart*. Die älteren Varianten mit *t* waren im Essener Platt zuhause. Den Ersatz des *t* durch *s* bzw. *z* nennt die Sprachwissenschaft »hochdeutsche Lautverschiebung«. Als die Menschen im Raum Essen im 19. und 20. Jahrhundert ihr Platt aufgaben und zum Hochdeutschen wechselten, verschwanden Wörter wie *Water*, *Fatt* oder *setten* in der Versenkung. Ab jetzt waren bei ihnen Sätze zu hören wie: *Hol ma eem Wasser, dat Fass steht inne Ecke.* Das Wörtchen *dat* hat sich in der Alltagssprache als Relikt des früheren Dialekts gehalten.

Der Urkundentext aus dem Jahr 1350 ist kein Dialekttext. Die regionalen Schreibsprachen, die man zu jener Zeit im Deutschen Reich benutzte, lehnten sich zwar an die Dialekte an, waren aber keine 1:1-Abbildung des gesprochenen örtlichen Dialekts. Beim Wörtchen *dat* stimmten in Essen Schreibsprache und gesprochener Dialekt aber überein.

Parallel zu *dat* wurde auch das Schwesterwörtchen *wat* ins Alltagsdeutsch Essener Prägung übernommen. Für viele Menschen sind *dat* und *wat* heute regelrechte Signalwörter: *Wenn se die inn Mund nehm, heiß dat: Wat getz kommt, is kein Hochdeutsch.*

Hasse wat, dann bisse wat!

»Nach der Hochzeit im Alltag muß mer wat schaffen und kümmert sich wat um seine Frau. Auf einmal erwartet sie wat. Viele haben schon lange wat jemerkt. Die sagen: ›Da tut sich wat. Da hat wat jeklappt, die krieje wat. Schon bald dann haben se wat.‹ Wenn dat Kind im Bettchen schreit, dann fehlt ihm wat.

Mutter legt es an und gibt ihm wat. Die Kinder lernen von Vater und Mutter wat, wat fürs Leben. ›Haste wat, dann biste wat.‹«
aus Wittlaer (heute ein Ortsteil von Düsseldorf)
Die Essener Version des letzten Satzes wäre: *Hasse wat, dann bisse wat.*

Blagen

Ein Werdener erinnert sich, wie um 1920 die Kinder in seinem Heimatort Karneval gefeiert haben:

Fasselaovend! Dat waor en Gedöns bi us an Fasselaovend! »Fasselaovend komm eraan, klengel op de Bösse. Sett dat feine Stölchen aan, hett dat gaule Kösse.« Dat sachten die. Die Blagen waoren geck, waoren schon geck, wenn wi de Pappnas em Gesicht hadden oder aule Blötschen an de Beyn oder Farf em Gesicht, van Moder oder Omma en bounten Rock omme Schouldern. Un dann gink et lous. »Fasselaovend komm eraan.« Ävver dat Wichtichste för us Jongs waor en Ferkesblaos. Die goff et biem Metzger. En die Ferkesblaos kaomen Erten ren, un dat rappelte dann, wenn wi daomet op die Wichter losgingen.

Menschen im Raum Essen, denen man diese Tonaufnahme heute vorspielen würde, würden wahrscheinlich nur Bahnhof verstehen. Auch die schriftliche Fassung löst nicht alle Probleme. Deshalb gleich einmal eine Übersetzung ins Hochdeutsche:

»Fastnacht! Das war ein Gedöns bei uns zur Fastnacht! *Fasselaovend komm eraan, klengel op de Bösse. Sett dat feine Stölchen aan, hett dat gaule Kösse.* Das sagten sie. Die Kinder waren schon jeck, wenn wir die Pappnase im Gesicht hatten oder alte ausgetretene Schuhe an den Beinen oder Farbe im Gesicht, [wenn wir] von Mutter oder Oma einen bunten Rock um die Schultern [hatten]. Aber das Wichtigste für uns Jungen war eine Schweinsblase. Die gab es beim Metzger. In die Schweinsblase kamen Erbsen hinein, und es rappelte dann, wenn wir damit auf die Mädchen losgingen.«

Die Werdener Karnevalserinnerungen wurden 1982 akustisch aufgezeichnet. Bestimmt war die Tonaufnahme für ein großes Sprachprojekt, bei dem alte Dialekte an Rhein und Ruhr flächendeckend dokumentiert wurden. Innerhalb der Großstadt Essen hat man damals allerdings ganze zwei Dialektsprecher gefunden, den einen in Werden, den anderen in Heisingen. Dass beide aus dem Süden stammten, war alles andere als ein

Zufall. Denn die wenigen Einwohner Essens, die damals noch einen der alten Dialekte beherrschten, waren eher im Süden als im Norden zuhause. Im Norden, wo die Industrialisierung im 19. Jahrhundert für eine explosionsartige Bevölkerungszunahme gesorgt hatte, war der Dialekt früher aufs Abstellgleis geschoben worden als in den weiter südlich gelegenen Orten, in denen die Einheimischen sozusagen länger »unter sich« geblieben waren (siehe S. 45).

Fasselaovend: Essenern ist das Wort vielleicht vom Kölner Karneval her in der Variante *Fastelaovend* bekannt. Dessen Bedeutung war ursprünglich »Abend (*Aovend*) vor der Fastenzeit«. Das *ao* steht hier für ein langes offenes *o*, wie es im Hochdeutschen nicht verankert ist. Im Englischen kommt es in *law and order* vor. Derselbe Laut war im alten Dialekt von Werden auch in *waor* »war« oder *Ferkesblaos* »Schweinsblase« zu hören. Hubert Göbels, geboren 1905, war übrigens der Dialektsprecher, der von den Fastnachtsbräuchen in seiner Jugend erzählt hat. Er erinnert sich hier auch an die kurzen Verse, die Kinder an Karneval aufsagten oder sangen: *Fasselaovend komm eraan, klengel op de Bösse. Sett dat feine Stölchen aan, hett dat gaule Kösse.* Damit zitiert er eine der vielen Varianten eines Textes, der früher einmal an Rhein und Ruhr bekannt war: »Fastnacht komm(t) heran, klingel(t) auf den Büchsen. Setzt das feine Stühlchen an, hatt (?) das goldne Kissen.«

Die Blagen waoren geck: geck ist ein altes Dialektwort, das man vielleicht mit dem kölsch klingenden *jeck* übersetzen könnte: Die Kinder waren jeck. In diesem Satz schwingt keinerlei Abwertung mit, weder bei *geck* noch bei *Blagen*. Mit *Blagen* konnten in der Dialektzeit sowohl die lieben, süßen als auch die lärmenden, nervenden Kinder gemeint sein. Während in deutschen Wörterbüchern beim Stichwort *Blag* meist ein Zusatz wie »abwertend« zu finden ist, hat sich in Essen bis heute auch die andere Bedeutung gehalten. Von den 154 Menschen, die 2009 dazu Auskunft gaben, meinten 78 Prozent, das Wort könne auch »neutral« gebraucht werden, also wie *Kinder*.

> »selten *Bläger* – sind immer die Kinder von anderen Leuten (abwertend), *Kröten, Köttel, Furzknoten*«
> Essener(in) aus Steele, 1956 geboren

Die 40 Essener Jugendlichen, die 2009 nach *Blagen* gefragt wurden, kannten das Wort ohne Ausnahme. Für sie hat *Blagen* allerdings in der Regel einen negativen Beigeschmack: freche Blagen, nervende Blagen usw. Vielleicht, könnte man meinen, ändert sich die Bewertung noch einmal, wenn die jungen Leute älter werden und selbst *Blagen* haben. Vielleicht sind sie ja bis jetzt zu oft als *freche Blagen* tituliert worden. Wahrscheinlicher aber ist wohl, dass sich dieses alte Dialektwort auch in Essen immer weiter der Kategorie Schimpfwort annähert, so wie es in Wörterbüchern des Hochdeutschen schon längst nachzuschlagen ist.

Dülle

Der Wortschatz der nordrhein-westfälischen Dialekte wird in zwei großen Regionalwörterbüchern dokumentiert. Den Westen des Landes deckt das »Rheinische Wörterbuch« mit seinen insgesamt neun Bänden ab, das seit 1971 komplett vorliegt. Für die Osthälfte wird derzeit das »Westfälische Wörterbuch« erarbeitet, dessen erste Lieferung (der erste Teil des ersten Bandes) 1973 erschienen ist. Zwei Großstädte werden doppelt, also in beiden Wortsammlungen, berücksichtigt: Essen und Oberhausen. Sie gehören politisch zum Rheinland, sprachlich liegen sie auf der Grenze – wenn man einmal von den alten Dialekten ausgeht. In beiden Städten wurden nämlich sowohl rheinländische als auch westfälische Dialekte gesprochen.

Ein altes Essener Dialektwort ist *Dülle* (vielleicht auch *Düll*), das tatsächlich auch in beiden Wörterbüchern zu finden ist. Im »Rheinischen Wörterbuch« stößt man dabei für Essen auf den Satz *Kür mi doch keen Düllen anne Kopp!* Jemandem *Düllen anne Kopp kürn* bedeutete »jemandem die Ohren vollquatschen« oder »jemanden volllabern«, bis ihm sozusagen Beulen am Kopf wachsen. Eine *Dülle* ist eine Beule, westfälisch *kürn* heißt sprechen, erzählen.

Im »Westfälischen Wörterbuch« ist für *Dülle* als erste Bedeutungsangabe »Anschwellung, Geschwulst (bei Mensch und Tier)« zu finden. Dann, so ist dort weiter zu lesen, kann oder konnte *Dülle* auch eine »Beule (z.B. an Blechgefäßen, Hüten)« bezeichnen. Hätte man damals, als das Material für das Wörterbuch gesammelt wurde, auch nach den einschlägigen Beschädigungen am Auto gefragt, wäre *Dülle* in diesem Zusammenhang sicherlich ebenfalls aufgetaucht.

Lauter *Düllen*

Alte Varianten von *Dülle* in westfälischen Dialekten sind: *Düll, Düllen* (Einzahl!), *Dülk, Dülm, Dülpe, Düls, Dült* und *Dülte*. Auch *Düddel* hat(te) dieselbe Bedeutung.

Im Jahr 2009 haben wir Jugendlichen in Essen die Frage vorgelegt, wie sie eine Delle am Auto nennen. 23-mal kam *Beule* als Antwort, 27-mal *Delle*; es konnten also auch mehrere Antworten gegeben werden. Einer der 40 jungen Leute nannte spontan *Dülle*, es war ein Jugendlicher mit Migrationshintergrund. Im Anschluss haben wir nachgehakt, indem wir den jungen Essenern und Essenerinnen bestimmte Bezeichnungen für diese Form des Blechschadens vorgaben, unter anderem die *Dülle* und, als Lautvariante, die *Dölle*. In beiden Fällen meinte die große Mehrheit, das Wort nie im Leben gehört zu haben. Nur zwei (*Dülle*) bzw. vier Jugendliche (*Dölle*) rechneten das Wort zum eigenen aktiven Wortschatz, während jeweils ein paar der Befragten zu Protokoll gaben, *Dülle* bzw. *Dölle* zwar zu kennen, aber im Alltag nicht zu benutzen. Einen Essener Satz wie *Kür mi doch keen Düllen anne Kopp!* würde keiner von ihnen verstehen. Auf Platt kann man niemandem mehr *ein Ohr ablabern*.

schwatt

In der Zeit, als zwischen Köttelbecke und Ruhr noch durchweg Platt gesprochen wurde, kannte man in diesem Raum für »schwarz« das Wort *schwatt*. Als am Ende des 19. Jahrhunderts die von Georg Wenker verschickten Dialektfragebögen auszufüllen waren (siehe S. 27), notierten die Lehrer zwischen Karnap und Kettwig fast ausnahmslos *schwatt*. Nur der Lehrer von Schonnebeck schrieb *schwartt* (siehe Karte).

Dieses *schwatt* wird noch heute verwendet, oft zur Bezeichnung einer Person: *der Schwatte, die Schwatte* oder *die Schwatten*. In ihre Wortsammlung »Essener Wortschätzchen« haben Josef Fellsches und Frank Schnieber das Stichwort »Schwatten« mit zwei Bedeutungen aufgenommen: »1) schwarzhaariger Junge und Mann; 2) katholischer Priester«. In Jürgen Meyers Wörterbuch »*wat is, is wat?*« ist unter »schwatt« zu finden: »›Schwatten‹ ist der Ausdruck für einen Farbigen. Der oder die ›Schwatte‹ ist hier aber auch ein gebräuchlicher Spitzname für Schwarz-/Dunkelhaa-

rige.« Zu ergänzen wäre noch der politische Bereich, in dem als *Schwatte* dieselben figurieren, die anderswo in der Bundesrepublik als Schwarze bekannt sind. Wenn die *Schwatten* und die Roten einander grün sind, gibt es eine große Koalition.

Schwatt kennt man nicht nur im Raum Essen, sondern in einem großen Teil von West- und Norddeutschland. Dass dieses ursprüngliche Dialektwort den Sprung in die heutige Alltagssprache geschafft hat, dass es also nicht rückstandslos gegen *schwarz* eingetauscht wurde, ist unter anderem der großräumigen Verbreitung im Dialekt früherer Zeiten zu verdanken. Der Sprachwissenschaftler Jan Goossens hat einmal untersucht, welche Dialektwörter im Norden Deutschlands gute Chancen hatten, ins Alltagsdeutsch übernommen zu werden. Dabei zeigte sich, dass kleinräumig verbreitete Dialektwörter besonders schlechte Karten hatten. Dagegen besaß das weithin bekannte *schwatt* eine (sprachgeographisch) glänzende Ausgangsposition.

Der schwarze Hund: Ein Vierbeiner mit schwarzem Fell konnte früher zwischen Emscher und Ruhr als *schwatten Rüe, schwatten Hund* oder *schwatten Honk* bezeichnet werden; weitere Lautvarianten in den alten Dialekten waren *Haund/Hound*, *Hond* und *Hong* (siehe Karte). Davon ist in der heutigen Alltagssprache nichts übrig geblieben. Hochdeutsches *Hund* hat sich durchgesetzt, zufällig mit dem alten Dialektwort in Borbeck, Huttrop und anderswo übereinstimmend.

Rüe – in der Bedeutung Hund, nicht Rüde! – gilt als typisch westfälisches Wort. Seine Verbreitung auf der Karte, die wieder auf den Wenker-Fragebögen des 19. Jahrhunderts basiert, lässt das auch sehr schön erkennen: Die *Rüe*-Belege für Katernberg, Schonnebeck, Frillendorf und Steele bilden den westlichen Ausläufer des westfälischen Verbreitungsgebiets dieses Wortes. Kettwig und Kettwig vor der Brücke haben bereits das für das Rheinland typische *Honk* (*Hong*). Dagegen benutzten die Dialektsprecher zwischen Haarzopf, Heisingen und Heidhausen die auf ein Gebiet an der unteren Ruhr beschränkte Lautvariante *Haund/Hound*. Die sprachgeografische Komposition, die die Hund-Karte zeigt, ist also alles andere als zufällig: *Haund* setzt sich im Westen nach Mülheim hin fort, *Honk* zum Südwesten hin, *Hond* (in Frintrop und Dellwig) zum Niederrhein hin und *Hund* zum westfälischen Norden und Osten hin. Hier mussten sich *Hund* und *Rüe* aber das Revier teilen.

Die beiden Karten mit ihren so ganz unterschiedlichen Kartenbildern machen zwei Grundzüge der früheren Dialektwelt sichtbar: Die Verwandtschaft benachbarter Dialekte und deren zwischenörtliche Unterscheidbarkeit. Der erste Punkt: Weil es so viele Übereinstimmungen zwischen den Dialekten benachbarter Dörfer und Städte gab, konnte man sich in der Vergangenheit mühelos mit seinem eigenen Dialekt verständigen. *Schwatt* war auch den Menschen in der Umgebung geläufig. Je weiter man sich jedoch von seinem Heimatort entfernte, desto häufiger gab es Verständigungsprobleme. Zweitens: Auch zwischen Nachbarorten bestanden

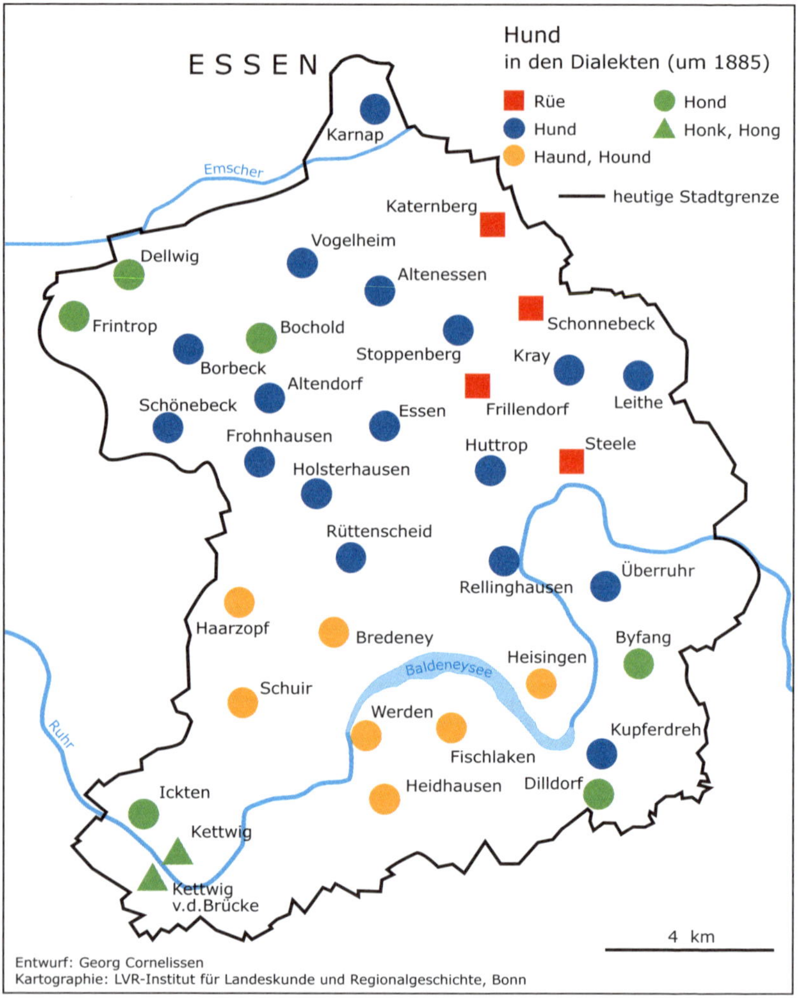

sprachliche Unterschiede. Daran, ob jemand nun *schwatten Hund* oder *schwatten Honk* sagte, konnten die Menschen zwischen Emscher und Ruhr genau festmachen, woher dieser Sprecher kam. Ein Mann aus der Stadt Essen hätte niemals *Honk* gesagt, eine Kettwigerin nie *Hund*. Und wer das Haustier *Rüe* nannte, konnte nicht aus Werden oder dessen Umgebung stammen.

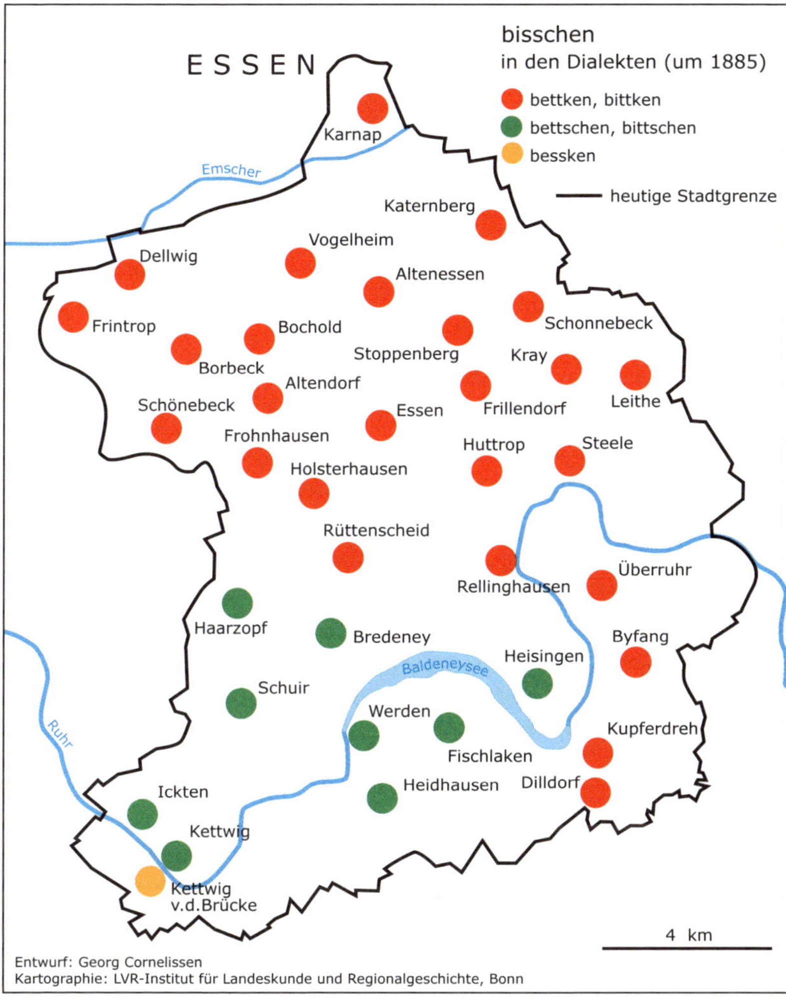

en bissken näher

Bütterken, Mütterken, I-Männeken, Kaffeekänneken – die Verkleinerungssilbe *-ken* fristet im Essener Deutsch kein *Mauerblümkendasein*. Darf es *en bissken* mehr sein: *Fläschken, Täschken, Herzken, Schätzken …*

Das *-ken* gab es schon im alten Platt. Nur dass im Süden, also in der Nähe der Ruhr, daneben auch Verkleinerungsformen auf *-schen* vorkamen. Wann dort anstelle des regelmäßigen *-ken* die konkurrierende Form benutzt wurde, richtete sich nach dem Laut am Ende des Grundwortes. Die Phonetik gab also den Ausschlag. Im Falle von »ein bisschen« sagte der Süden *en bettschen*.

Wie die Karte zeigt, reichte das *bettschen*-Gebiet rauf bis nach Bredeney und Haarzopf, während die Plattsprecher weiter nördlich *bettken* sagten. Im heutigen Alltagsdeutsch hat sich aber überall das *-ken* durchgesetzt, das bei vielen Menschen geradezu als Markenzeichen der regionalen Sprache gilt: zu *bissken* gibt es heute keine regionale Alternative (höchstens hochdeutsches *bisschen*). Wieder reduziert also der Regiolekt die frühere Formenvielfalt des Dialekts.

Im Platt von Kettwig vor der Brücke hieß es am Ende des 19. Jahrhunderts allerdings auch nicht *bettschen*, sondern *bessken*, dort kam man dem heutigen *bissken* schon recht nahe. Die Erklärung dafür gibt einmal mehr die Sprachgeographie: *bessken* war eine niederrheinische, unter anderem in Düsseldorf beheimatete Variante, bei der rheinisches *bess-* und nördliches *-ken* gekreuzt wurden (am Rhein aber ohne das *-n* am Ende). Noch weiter südlich wurde aus *bessken* dann *bessjen*. Von Düsseldorf aus strahlte *besske(n)* nach Norden aus – bis zur Ruhr, oder genauer: bis nach Kettwig vor der Brücke. Dieser Ort lag im Vergleich zu Kettwig oder Heidhausen dem Rheinland ein entscheidendes Bisschen näher.

Gehße mit na Bredeney?

Der Name *Cornelissen* hat elf Buchstaben. Wenn ein Essener ihn ausspricht, hat er noch neun oder zehn Laute. Wir sprechen anders, als wir schreiben. Sprechen ist überhaupt etwas anderes als Schreiben, und in diesem Buch geht es ausschließlich um die Sprechsprache. *Köttelbecke, Ötsch* und *Otten* sind Wörter, die in der gesprochenen Sprache leben. Genauso wie der Satz *Gehße mit na Bredeney?*

Das Wort »Sprechsprache« ist eigentlich ein Unding, weil es das meint, was »Sprache« ursprünglich bedeutet. Doch hat sich der Inhalt des Wortes »Sprache« verändert oder erweitert, seitdem die Menschen schreiben können. Wir verfügen heute über Schriftsprachen und Sprechsprachen. Die Essener Schriftsprache ist – sieht man einmal von all den Fremdsprachen ab, die Migranten mitbringen – das Hochdeutsche oder Standarddeutsche. Wenn wir in der Schule ein Diktat schreiben, ist Hochdeutsch gefragt. Dessen Orthogaphie legt fest, wie geschrieben wird: *König* oder *ewig* verlangen wie *Kettwig* nach einem *g* am Wortende, auch wenn die Essener dazu tendieren, den Auslaut dieser Wörter wie in *kleinlich* oder *königlich* auszusprechen. Ein *G* spricht in *König* niemand. Wenn nicht *Könich*, dann *Könik*.

In *Cornelissen* schreiben wir ein doppeltes *s*, zu hören ist aber nur ein einfacher *s*-Laut. Das wiederholt sich in *Essen* oder *Wasser*, ebenso in *Biss* oder *Fass*. Die Buchstabenverdopplung ist ein Phänomen der Rechtschreibung ohne Spiegelung in der gesprochenen Sprache. Aus hochdeutschem *du gehst* wird ein *gehst du*, wenn wir die Frage formulieren: *Gehst du mit nach Bredeney?* So müsste eine Essener Schülerin in einem Deutschaufsatz schreiben, wenn sie alles richtig machen wollte. Dieses unscheinbare *gehst du* hat es aber in sich. Hier stoßen in der Schriftsprache ein *t* und *d* aufeinander, die beim Schreiben auseinander zu halten uns nicht schwer fällt. Sprechen wir die Frage allerdings aus, klingt sie wahrscheinlich wie *Gehstu mit na(ch) Bredeney*, vielleicht auch *Gehste mit* oder sogar *Gehße mit. Hier liecht der Hase im Feffer.*

Im Fall von *gehstu* erleichtern wir uns den Sprechvorgang: Statt der beiden Zahnlaute (*t* – *d*) artikulieren wir nur einen einzigen: ein *t* (vielleicht auch ein *d: gehsdu*). Das fällt im Alltag niemandem auf und wird als »Hochdeutsch« akzeptiert. Diktiert die Deutschlehrerin also den Satz *Gehstu mit nach Bredeney*, schreiben ihre Schüler automatisch: *Gehst du* … Bei *gehste* ist aber jedem klar, dass sich das nicht schreiben lässt: *gehste, kommste, willste …*: all das ist in der Schriftsprache verpönt. Und *gehße* (*kommße, willze …*) erst recht. In Essen sagen die Leute aber *Gehße mit? Kommße bald? Willze noch wat essen?*

Der Fragebogen Georg Wenkers aus dem 19. Jahrhundert enthielt den Satz »Wo gehst du hin, sollen wir mit dir gehen?« Den Satz mussten die Kinder in den örtlichen Dialekt übertragen, der Lehrer hatte das im Anschluss zu Papier zu bringen (siehe S. 27). Die meisten Lehrpersonen im Raum Essen hielten sich dabei an die schriftsprachliche Vorlage und notierten für das vorgegebene »gehst du« auch zwei getrennt geschriebene Dialektwörter. Nicht so der Lehrer von Rüttenscheid, der *Wo gehße hen* schrieb. Wenker, dem es unter anderem um das *du* ging, wird sich über dieses Rüttenscheider *gehße* mit seinem darin bis zur Unkenntlichkeit versteckten Pronomen *du* vermutlich nicht gefreut haben. Für Essener, die sich heute für die Entstehungsgeschichte der zwischen Köttelbecke und Ruhr gesprochenen Sprache interessieren, ist dieses *gehße* aber natürlich ein besonders schöner Fund, weil er belegt, dass Formen wie *gehße, hasse* oder *musse* ihren Ursprung im alten Dialekt haben. Übrigens ist das *gehße* auch auf den Fragebögen von Karnap, Kray und Katernberg zu finden.

»Schwache Formen« nennt man in der Sprachwissenschaft diese sprechsprachlichen Reduktionsprodukte. Nur wenige sind in der deutschen Schriftsprache zugelassen: *ans* darf ich schreiben (*Wir gehen ans Eingemachte*), *aufs* neuerdings auch (*Ich steig dir gleich aufs Dach*), *ins* schon seit langem (*Wir gehen heute ins Kino*). Wer aber versucht, einen Satz wie *Fitsch mal eben umme Ecke* in den PC einzugeben, dem signalisiert das Rechtschreibprogramm, dass mit den Wörtern *Fitsch* und *umme* etwas nicht in Ordnung ist. Schreibt er stattdessen dann *Flitz mal eben ums Eck*, ist das Kontrollprogramm zufrieden. Essener Deutsch duldet es nicht.

Schwache Formen treten in Essen bei Artikeln und Pronomen auf: *anne Theke* (an der Theke), *inne Klasse* (in die Klasse), *aufem Schulhof* (auf dem Schulhof), *nam Essen* (nach dem Essen), *ne Schwatte* (eine Schwarze), *en Rotzigen* (ein Junge), *hasse* (hast du), *krisse* (kriegst du), *habbter* (habt ihr) usw.

Hasse se noch alle?

Hasse und *haste, krisse* und *krisste* – die jeweils erste Variante kürzt heftiger als die andere. Nun könnte man meinen, dass es in der gesprochenen Sprache immer und ausnahmslos auf die kürzestmögliche Form hinausliefe. Dem ist aber nicht so. Im Rheinland (etwa südlich von Düsseldorf) stehen Varianten wie *haste, krisste* oder *willste* höher im Kurs als die in Essen gebräuchlichen Formen *hasse, krisse, willze* usw. (siehe S. 108). *Haste se noch all?* könnte deshalb in Köln eine Frage lauten, die auf die geistige Verfassung des Gesprächspartners zielt. Eine Essener Variante wäre: *Hasse se noch alle?*

Ein Laut, der den Deutschen besonders viele Probleme macht, ist das *r*. (Über den **Buchstaben** *r* gleich mehr!) Am Wortanfang (*Rüttenscheid, Rabe*) spricht sich das *r* leicht. Auch wenn es in Positionen wie in *Kray, strunzen* oder *Plörre* auftaucht, bewältigt unsere Zuge diese Aufgabe, ohne zu murren. Schwierig wird es aber in Wörtern wie *Furzknoten, kurz, Katernberg* oder *Cornelissen*. Hier gelingt nur noch Bayern ein tatsächliches *r*! In Essen artikulieren die Menschen einen Ersatzlaut, der zwischen Köttelbecke und Ruhr deutlich differieren kann (siehe S. 82). Nach vorangehendem *a* ist vom *r* rein gar nichts mehr zu hören: *Kanap* und *Haazopf* sind *r*-freie Zonen, und *Gaten* reimt sich in Essen auf *Braten*.

Wörter, die in der Schriftsprache auf *-r* oder *-er* enden, können Kindern, die in der Schule die ersten Schreibversuche machen und sich dabei am Gehör orientieren, Probleme bereiten: Wenn ein Erstklässler schreibt *Dea Zaubara aus Übbarua kuckte auf die Ua*, beweist er allerdings, dass er ganz genau hinhören kann.

Anne Bude

Frauen, die so heißen, können in Essen damit rechnen, immer wieder veräppelt und zur Trinkhalle geschickt zu werden. Annes Eltern hätten ihr Kind wohl besser *Anna* oder *Lena* nennen sollen.

Ich danke Sie!

Im Hochdeutschen unterscheiden wir heute noch vier Fälle: *ich – meiner – mir – mich*. Zugegeben: *meiner* sagt fast niemand, der ein oder andere mag es noch in der Schriftsprache verwenden, aber immerhin: in Grammatiken findet man diese Form noch. Ein zweites Beispiel für das System der vier Fälle: *der Ball – des Balles – dem Ball – den Ball*. Statt *dem Ball* hörte man bis vor ein paar Jahrzehnten auch noch *dem Balle*. Dem dritten Fall, dem Dativ, wird also in diesem Falle übel mitgespielt. Sein Endungssystem ist, nicht nur im Fall *Ball*, am schrumpfen. Der begleitende Artikel *dem* ist aber stabil. Im Hochdeutschen ist ein Satz wie *Ich habe mit den Ball gespielt* nicht zulässig.

Ich hab, einmal hab ich en Stein vo-en Fuß gekriegt, hier. Ja, ich stand inne Kohle, un der Stein, der fiel auf die Kohle un schlug um, ja. Un die sind ja haaschaaf sind die, wie en Rasiermesser. Un schlägt mich hier den Fuß duech, hier. Ja, ich hatte son Schnitt im Fuß.

Im Jahr 1982 wurde ein früherer Bergmann in Essen mit dem Tonbandgerät aufgenommen. Dabei berichtete er über diesen Unfall unter Tage, bei dem er eine schlimme Fußverletzung erlitten hatte: *Un schlägt mich hier den Fuß duech, hier.* Statt *mich* hätte das Standarddeutsche die Dativform *mir* gefordert.

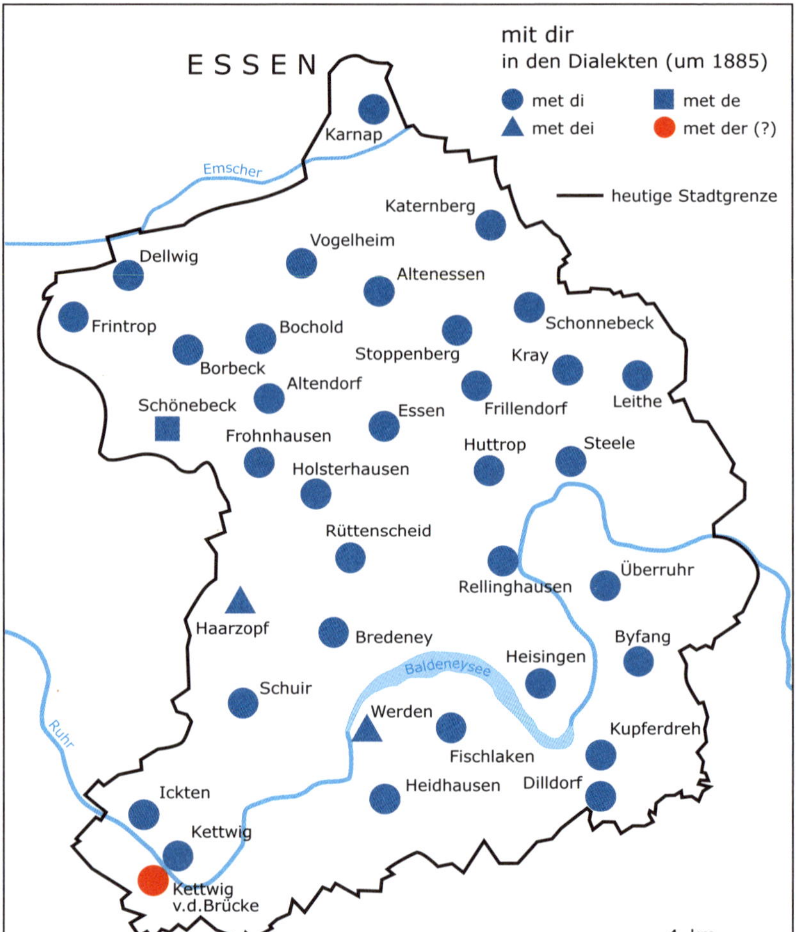

Entwurf: Georg Cornelissen
Kartographie: LVR-Institut für Landeskunde und Regionalgeschichte, Bonn

Der Essener, der hier erzählt, hätte im Jahre 2009 einen runden Geburtstag feiern können: Er wäre 100 alt geworden. Menschen, die zu Beginn des 20. Jahrhunderts zur Welt gekommen sind, haben wohl häufig zeit ihres Lebens Dativprobleme gehabt. Zwei mögliche Gründe gibt es dafür: Entweder sprachen sie selbst Platt oder sie waren zumindest in einer Umgebung aufgewachsen, deren Sprache noch durch das alte Platt geprägt war. So oder so: Mit *mir* und *mich*, *dir* und *dich*, *Sie* und *Ihnen* taten sie sich schwer.

Die Karte – hier für *mir* und *mich* – zeigt, woran das lag. Sie basiert wieder auf den Wenker-Fragebögen des 19. Jahrhunderts (siehe S. 27) und bietet die Dialektübersetzungen für »mit dir«. Sieht man einmal von Kettwig vor der Brücke ab, lauteten die Dialektversionen *met di, met dei* oder *met de*. Dieses *di* (bzw. *dei* oder *de*) war identisch mit der Form des vierten Falles (Akkusativ). Wer Platt sprach, hatte also mit diesem *di* (bzw. *dei* oder *de*) eine Einheitsform für beide Fälle. Beim Wechsel zum Hochdeutschen waren Fehler damit vorprogrammiert. Eine vergleichbare »Unterdifferenzierung« gab es auch bei anderen Pronomen und in weiteren Teilbereichen der Grammatik. Wer in der Schule nicht aufgepasst hatte oder wer vielleicht nur kurze Zeit die Schule hatte besuchen können, war für die grammatischen Fisimatenten des Hochdeutschen schlecht gerüstet.

Der bundesweit bekannteste Dialog der jüngeren Essener Sprachgeschichte setzt genau an diesem Punkt an. Willi Lippens, der damals für Rot-Weiss Essen Fußball spielte, bekommt in einer Begegnung gegen Westfalia Herne vom Schiedsrichter eine Verwarnung: *Ich verwarne Ihnen* soll der Unparteiische damals gesagt haben. Willi »Ente« Lippens wird eine Sekunde überlegt haben, ob er diese linguistische Steilvorlage erlaufen sollte oder nicht. Er entschied sich positiv, nahm das ungewöhnliche Zuspiel an und erwiderte: *Ich danke Sie*. Da flog er vom Platz.

Das Fußballspiel, in dem es zu diesem Vorfall gekommen sein soll, hat 1965 stattgefunden. 56 Jahre alt hätte der Schiedsrichter sein müssen, wenn er demselben Jahrgang wie der Bergmann hätte angehören sollen. Vielleicht wäre das dann doch ein bisschen alt für einen Unparteiischen. Vielleicht war er auch erst 46 oder gar 36 Jahre alt. Wie dem auch sei: Man kann davon ausgehen, dass sich im regionalen Deutsch mit der Zeit immer weniger solcher eklatanten Abweichungen von der Grammatik des Standarddeutschen haben behaupten können. Je weniger Menschen noch lebten, die selbst mit dem Dialekt in Berührung gekommen waren, desto regelmäßiger traten Dativ und Akkusativ dort auf, wo sie die Lehrer erwartet hätten.

Das soll nun nicht heißen, dass Dialektsprecher immer und ausnahmslos *mir* und *mich* usw. verwechselt hätten. Ein schönes Gegenbeispiel ist eben Willi Lippens. Lippens, der aus Hau bei Kleve am Niederrhein stammte, spricht selbst Dialekt. In seinem Heimatdialekt gibt es für *mir/mich* oder *Sie/Ihnen* jeweils nur eine Form: *min* (*mir, mich*), *Ou* (*Sie, Ihnen*). Wenn man davon ausgeht, dass der Schiedsrichter des Spiels gegen

Herne schon kein Platt mehr beherrschte, stellt dieser kurze, aus gerade zweimal drei Worten bestehende Dialog die Sprachwelt geradezu auf den Kopf: Der Dialektsprecher trickst den Deutsch Sprechenden aus. Dass es dafür einen Platzverweis gab, kann nach den Regeln der Psychologie nicht überraschen.

Platt

Willi Lippens in einem Interview aus dem Jahr 2009 auf die Frage, ob er das Klever Platt noch beherrsche oder doch verlernt habe: »Nein. Das kann man nicht verlernen. Wenn man das als Jugendlicher gesprochen hat, dann kann man das nicht verlernen. Das ist wie mit der Muttersprache.«

Am Anfang des 20. Jahrhunderts werden in Essen und Umgebung noch viele Menschen gelebt haben, die mit dem Dialekt aufgewachsen waren, während sie vielleicht nur schwache Hochdeutschkenntnisse hatten. Damals muss das Essener Deutsch viel stärker vom Dialekt geprägt gewesen sein als heute. Zu der Zeit wusste noch jeder, was ein *Ötsch* oder ein *Pitschendopp* ist, und die Menschen verwendeten zahlreiche andere Wörter, die heute längst ausgestorben sind. Ihre Grammatik war in vielen Einzelzügen eine Dialektgrammatik. Je besser dann der Schulunterricht wurde und je mehr das Hochdeutsche über Radio und Fernsehen in den Alltag Einzug hielt, desto mehr rückte das Essener Deutsch heran an das Hochdeutsche in seiner überregionalen Form. Für Sätze wie *Ich danke Sie* bleibt auf die Dauer wohl nur der Auftritt im Kabarett.

Auf Trallafitti
Die Entstehung der Umgangssprache an der Ruhr

Mottek

Die »Polen« (siehe unten), die seinerzeit in großer Zahl als Arbeitsmigranten in das Industriegebiet an der Ruhr kamen, mussten oftmals erst noch Deutsch lernen. Untereinander unterhielten sie sich in ihrer eigenen Sprache. Als Ernst Bußmann 1928 nach polnischen Wörtern in der Alltagssprache des Ruhrgebiets suchte, entdeckte er ganze zehn: *Stari, Matka, Posseck, Motteck, Strack, Strachotti, Gischi, Kossa, Zarna, Pinunsen*.

Das war nicht viel. Wenn man sich allerdings klarmacht, dass sich die Familien der Zugezogenen in aller Regel sprachlich integrierten, ist eigentlich auch keine sehr viel stärkere »Polonisierung« der Sprache zu erwarten. Kuckt man in das Essener Telefonbuch, fallen natürlich die Familiennamen der damals aus dem Osten Zugezogenen ganz anders ins Gewicht. Aber Namen haben ihre eigene Geschichte. Ich kann Turek heißen und Deutscher sein oder Schmidt und einen polnischen Pass haben.

Heinz H. Menge, Sprachforscher an der Ruhr-Universität Bochum, kommentierte Bußmanns Liste der polnischen Lehnwörter ein halbes Jahrhundert später: »Zu meinem eigenen passiven Wortschatz gehören noch *Matka, Motteck* und *Pinunsen*, aber ich wüßte nicht, wann ich sie das letzte Mal gehört hätte.« Einige Jahre darauf ergänzte Menge noch: *dobsche, galotte, rabotti, Schickse* und *Zinnek*.

Vielleicht – aber das ist mit großer Vorsicht zu formulieren – ist *Mottek* dasjenige Wort, das in Essen heute noch am besten bekannt ist: der *Mottek* (von Bußmann und Menge mit *ck* geschrieben) ist ein Hammer. Das Wort zeichnet sich durch die auffällige Endung *-ek* aus, die im Ruhrgebiet als polnisches Markenzeichen gilt. Peter Honnen hat gezeigt, wie die Menschen im Revier mit solchen Sprachbausteinen zu spielen wissen. So wurden in Anlehnung an *Mottek* später Wörter wie *Pastek* oder *Platzek* gebildet. Beim *Pastek* handelt es sich um den Pastor, beim *Platzek* um den Platzwart. Der *Schirrek* gehört auf den Sportplatz, spielende Kinder auf den *Spillek* (Schiedsrichter – Spielplatz).

En Pillek!

Wer in der Kneipe oder an der Bude ein *Pillek* bestellt, steht nicht auf Altbier.

Oben wurde »Polen« in Anführungsstriche gesetzt. Denn man sollte sich immer bewusst sein, woher diese Arbeitsuchenden tatsächlich stammten. Dazu Heinz H. Menge: »Bei den ›polnischen‹ Zuwanderern ins Ruhrgebiet handelt es sich fast ausschließlich um preußische Staatsangehörige. Das bedeutet, daß sie in irgendeiner Form bereits vor der Einwanderung ins Ruhrgebiet mit deutscher Sprache und Kultur in Berührung gekommen waren.« Diese Zuwanderer aus dem Osten, von den Einheimischen gern »Pollacken« genannt, hielten in unterschiedlicher Zähigkeit an ihren eigenen Sprachen fest. Dabei verschwand das Masurische schneller als das Polnische, das die Arbeiter aus der preußischen Provinz Posen mitgebracht hatten.

Penunze und *Pinunsen*

In deutschen Wörterbüchern tauchen die *Pinunsen* als *Penunzen* auf; dazu gibt es sogar eine Einzahlform (*die Penunze*). Das Lehnwort *Pinunsen/Penunzen* geht auf polnisch *pieniądze* zurück, ebenfalls eine Mehrzahlform, mit der Bedeutung Geld.

Krupp – eine Wörterschmiede?

»Erinnerungen in der Zornigen Ameise an Geburt, Leben, Ansichten und Ende der Anita Drögemöller und Die Ruhe an der Ruhr« lautet der vollständige Titel des Essen-Romans, den Jürgen Lodemann 1975 veröffentlichte. In diesem Ruhrgebietskrimi spricht eine der beiden Hauptfiguren, Anita Drögemöller, ein heftig regional gefärbtes Alltagsdeutsch. Wie diese Sprachform entstanden sei, erklärt im Roman Herr Vorderbäumen, ein Hauptlehrer: »Wer täglich im Krach von Maschinenhallen arbeitet, wer unter Tage in Dreck und Lärm schwitzt, der hat keine Zeit für geschliffene Formulierungen.« Der Lehrer, der hier einem Studenten Nachhilfeunterricht in Sachen jüngere Sprachgeschichte erteilt, kommt auch auf das Zusammenleben der Arbeitsmigranten und der Einheimischen hundert Jahre zuvor zu sprechen: »Aus Anpassungsangst schleift sich Sprache zurecht. Heimatliche Schnörkel fallen weg, mundartliche Wendungen, Wortbilder – übrig bleibt eine Mittellage. Schmucklos, aber brauchbar. Zur Verständigung. […] Bei uns für die Holländer, Polen, Ostpreußen, Schlesier, Rheinländer und Westfalen.«

So, wie es hier der Lehrer Vorderbäumen beschreibt, stellte man sich bis in die 1970er Jahre die Entstehung der regionalen Sprache im Industriegebiet vor: Der Schmelztiegel, in dem aus den verschiedenen Sprachformen der hierhin Gezogenen eine sprachliche »Mittellage« entsteht, die für alle irgendwie brauchbar ist. Und der Arbeitsplatz als Sprachschmiede: Dort, wo im Schweiße des Angesichts *gewullacht* wurde (in den Maschinenhallen und unter Tage), entwickelte das Ruhrdeutsche unverwechselbare Identität.

Inzwischen hat eine intensive Erforschung der Sprache an Rhein und Ruhr zu einer vollständigen Korrektur dieses Bildes geführt. Wir wissen heute nicht zuletzt dank der Publikationen von Heinz H. Menge (Bochum) und Arend Mihm (Duisburg), dass das Duisburger Deutsch, das Essener Deutsch oder das Gelsenkirchener Deutsch auf den früher dort gesprochenen Dialekten aufbauen. Im Wortschatz, in der Grammatik, im Satzbau: alte Dialektmuster prägen das heutige Alltagsdeutsch. Das gilt übrigens auch am Niederrhein oder in Westfalen. Damit wird klar, warum die verschiedenen Alltagssprachen so deutlich regional gefärbt sind. Die Geographie spielt eine große Rolle.

woll

Un getz kommtie Panne Scheim am Tisch, Bratkatoffel. Da wa ja jetz nich sonne kleine Fanne wie se heute so, wo man en Ei ma braten tut odder so wat, ne. Da kam sonne große am Tisch, am Ofen, mit so, so zwei Griffe dran, wissen Se, ne. Getz komm, Bratkatoffel fertich. Oh, die waan nur fü uns Kinder. Da macht unse Memm [Mutter] *immer so sechs Teile drin, nich, so, wissen Se, abgeteilt, woll.*

Dortmunder Deutsch: Ein ehemaliger Bergarbeiter erinnert sich an seine Kindheit in Dortmund-Dorstfeld; mit dem Tonbandgerät aufgenommen in der ersten Hälfte der 1980er Jahre.

Der epochale Sprachumbruch an der Ruhr fand in den letzten Jahrzehnten des 19. und in den ersten Jahrzehnten des 20. Jahrhunderts statt: Es zogen viele Menschen zu, die von Haus aus einen fremden Dialekt oder eine andere Sprache mitbrachten. Die alten angestammten Dialekte, in Katernberg, Kray oder sonst wo, funktionierten nicht mehr als verbindende Sprache des Ortes. Ohne dass es dazu einen »Sprachbefehl« von oben gegeben hätte, einigten sich Einheimische und Migranten auf eine Sprache, die sich ans Hochdeutsche anlehnte (und damit die Verständigung sicherte) und für den Alltag taugte. Der jeweilige Ortsdialekt färbte dabei durch.

Alltagstauglichkeit bedeutete, dass sich dieses gemeinsame Kommunikationsmittel fürs Sprechen eignen musste. Schreiben tat man nach den Regeln des Hochdeutschen. Man schrieb also *Tag* und *sachte* im Alltag *Tach* (mit kurzem *a*); man schrieb, wenn man es überhaupt konnte, *an der Kirche* und *sachte*: *anne Kiëche*.

Zu Beginn der Industrialisierung gab es noch viele Menschen, die, auch wenn sie über eine gewisse Schulbildung verfügten, eigentlich nur Platt sprechen konnten. Wer damals schon nach der Schrift zu sprechen vermochte, hatte einen starken regionalen Einschlag. Als dann auch die einfachen Leute im Zuge der Industrialisierung ihren Dialekt aufgaben, übernahmen sie viele dieser Spracheigentümlichkeiten von den Bessergestellten. Auch das erklärt, warum die Regiolekte so unverwechselbar sind, warum das Essener Deutsch anders klingt als etwa das Düsseldorfer oder das Dortmunder Deutsch.

Lehrer Vorderbäumen meinte noch: »Wer täglich im Krach von Maschinenhallen arbeitet, wer unter Tage in Dreck und Lärm schwitzt, der hat keine Zeit für geschliffene Formulierungen.« Hier wird es naiv: Männer – hart arbeitende Männer – prägen die Sprache, die sie dann nach Feierabend wie ihre Hasenbrote mit nach Hause bringen, um sie dort an Frau und Kinder weiterzugeben. Dann hätte es, in Anlehnung an »Männer machen Geschichte«, heißen müssen: »Männer machen Sprache«?

Was bei der Figur dieses Lehrers ebenfalls anklingt, ist die Auffassung der 1970er Jahre, nach der Dialekte und ähnliche Sprachformen »Soziolekte« seien, Sprachen bestimmter sozialer Gruppen, hier: Sprache der *Malocher* und ihrer Familien. Anita Drögemöller gehörte schon wegen ihrer Sprache dazu. Mehr vielleicht als heute unterschied sich Essener Deutsch damals aber auch nach sprachgeographischen Gesichtspunkten: Ein Lehrer aus Werden sprach anders als ein Lehrer aus Borbeck, ein Arbeiter aus Kupferdreh anders als ein Arbeiter aus Altendorf. Eins hatten die zwei Lehrer den beiden Arbeitern aber voraus: Sie kannten sich im Hochdeutschen besser aus. *Da kannze ein drauf lassen!*

malochen

»Schaffe, schaffe, Häusle baue …«. Überall in Deutschland weiß man, dass dieses schwäbische *schaffe* mit arbeiten gleichzusetzen ist. Die Schwaben sind für ihren Fleiß bekannt, der die Voraussetzung für ihre sprichwörtliche Schaffenskraft bildet. Der Kohlenpott dagegen *malocht*.

Im »Deutschen Universalwörterbuch« findet man auf Seite 1107 unter dem Stichwort »Maloche« den kernigen Satz: »sie fluchten über die M. unter Tage«. Natürlich könnten sich jetzt auch die Saarländer melden und auf ihren Bergbau verweisen. Aber anderswo in Deutschland werden Wörterbuchbenutzer, wenn sie auf diesen Satz stoßen, unwillkürlich an den *Pott* denken. Im *Kohlenpott* sind (oder waren) die *Malocher* zuhause.

Maloche ist ein rotwelsches Wort, das seine Wurzeln im Jiddischen hat. Der Sammelbegriff »Rotwelsch« bezeichnet Sprachen und Sprachformen, die früher von gesellschaftlichen Außenseitern und Randgruppen gesprochen wurden: von Bettlern und Hausierern, von Menschen ohne festen Wohnsitz. »Gaunersprachen« oder »Geheimsprachen« sind zwei andere Begriffe aus diesem Zusammenhang. Geheimsprachen dienten der Abschottung (andere konnten sie nicht verstehen) und der Verbrüderung (wer sie versteht, gehört wie ich dazu).

> *Maloche*
>
> »fast ein Paradewort für die arbeitende Bevölkerung hier. ›Maloche‹ stand früher für das Ruhrgebiet schlechthin. Wobei es jede Menge andere Wörter für das jiddische Wort malochen gab wie krücken, rabotten, rankloppen, ranklotzen, wullachen.«
> Jürgen Meyer: »*wat is, is wat?*«

Rotwelsches *Maloche* ist seit dem 18. Jahrhundert bezeugt. Das jiddische Wort, das zugrunde liegt, hieß *melōche* oder *malōche*, bedeutete Arbeit und war seinerseits dem Hebräischen entlehnt. Rotwelsche Wörter werden nur in Ausnahmefällen in deutsche Wörterbücher aufgenommen. Das liegt einmal daran, dass in solchen Lexika die Schriftsprache das

Sagen hat. Wörter, die vor allem in der gesprochenen Sprache vorkommen, werden seltener berücksichtigt. Das sind dann oft »umgangssprachliche« Wörter, eine Art Zweite-Klasse-Wörter: Wer sie in einem Deutschaufsatz verwendet, erntet rote Tinte.

Auch Wörter, die nur in einem Teil Deutschlands bekannt sind, werden, wenn sie nicht schriftsprachliches Niveau haben, in Wörterbüchern leicht ausgeblendet. Es ist gut möglich, dass *Maloche* und *malochen* nicht überall in Deutschland so problemlos verstanden werden wie in Essen.

Moos oder *Pinke* (für Geld), *mies* oder *Mischpoke* sind weitere Beispiele für rotwelsche oder jiddische Wörter, die in die allgemeine Umgangssprache aufgenommen wurden. Auch wenn sie ursprünglich einmal der »Geheimhaltung« gedient haben: die Allgemeinheit sucht immer wieder nach neuen Wörtern, nach Ergänzungen des eigenen Wortschatzes, nach Wörtern, mit denen sich spielen lässt: *Ohne Moos nix los* – mit *Geld* würde dieser Vers nicht klingen.

Malochen mag in den deutschen Wörterbüchern als »salopp« eingestuft werden – das bedeutet jedoch nicht, dass man es in der Schriftsprache nicht finden würde. Das zehnbändige Wörterbuch aus dem Hause »Duden« bringt unter den Stichwörtern »Maloche«, »malochen« und »Malocher« viele Fundstellen aus Büchern und Zeitschriften. Auch aus dem »Spiegel« wird zitiert, der 1977 schrieb: » Gastarbeiter-Anwerbung: Südosteuropa nach [Malocher]-n abgesucht«. Warum nicht »nach Arbeitern abgesucht«? Weil es bei den *Malochern* riecht, nach Schweiß riecht, nach harter Arbeit. *Malocher können wirklich wullachen.*

Ein Metzgermeister erinnert sich

Heiermann kannte er auch, das ursprünglich geheimsprachliche Wort für ein Fünf-Mark-Stück. Aber den *Heiermann* kennen ja viele. Andere Wörter, an die sich dieser Metzger aus Essen erinnerte, waren *Seibelbeis* oder *Weisrol*. Da müssten die meisten Essener passen.

Den früheren Metzgermeister haben wir besucht, um eine Tonaufnahme zu machen. Dabei ging es um sein Hochdeutsch: Wie würde es klingen, wenn dieser Katernberger einen hochdeutschen Text vorlesen würde (siehe S. 83)? Im Laufe des Besuchs bei ihm kam das Gespräch auch auf den früher von ihm ausgeübten Beruf und dann auf den besonderen

Wortschatz, den die Metzger einmal hatten. Und da nannte er Vokabeln wie *Seibelbeis* und *Weisrol.*

Es war der Kontakt mit jüdischen Viehhändlern und Metzgern, durch den sich andere Angehörige dieser Berufsgruppen Wörter aneigneten, die sonst kaum oder gar nicht verstanden wurden. Bis heute erinnert sich dieser Essener an: *Geitling* (Ring), *Goie* (Christin, die mit einem Juden liiert war), *kaff* (zwanzig), *Keilof* (Hund), *Klaffke* (»flatterhafte« Frau), *Meim* (Wasser), *meimelnd* (Wasser lassend), *Mischpel* (Waage), *nifteln* (sterben), *Osnik* (Uhr), *Seibelbeis* (Toilette), *schomm* (fett), *Schuck* (Mark <Geld>), *Weisrol* (Jude) und *Zurmes* (Knochen). Keins der Wörter hat den Weg in die allgemeine Alltagssprache Essens gefunden. Andere Wortschätzchen »geheimsprachlichen« Ursprungs – beispielsweise *Kohldampf* oder *zappenduster* – haben einen ganz anderen Bekanntheitsgrad erlangt.

Natürlich kannte unser Gewährsmann auch das Wort, das man vielleicht als allererstes erwarten könnte: *Katzof*, die Bezeichnung für den Metzger.

Katzof

»Sehr geehrte Damen und Herren,
zu Ihrer interessanten Sparte ›dat & wat‹ möchten wir neue Begriffe beisteuern: 1) *Katzhof* = Metzger, 2) *Töle* = Hund, 3) *Tacken* = 10 Pfennigstück aus DM-Zeiten, 4) *Köttel* = kleiner Junge. Diese Begriffe stammen alle aus dem Ruhrgebiet (Wattenscheid-Bochum), unserer alten Heimat.«
Zuschauer-Zuschrift

auf Trallafitti

Wer ausgegangen ist, um sich zu amüsieren, ist *auf Trallafitti.* Vielleicht auch *auf Jück* oder *auf Achse.* Jedenfalls unterwegs. Die, die zuhause geblieben sind, wissen nicht unbedingt, wo sich der Vergnügungssüchtige befindet, im Fitnessstudio sicherlich nicht. Natürlich könnte man ihn über das Handy erreichen. Kann aber gut sein, dass es ausgeschaltet ist.

Vor einigen Jahren hat das damalige LVR-Amt für rheinische Landeskunde auf einem Fragebogen nach den Bezeichnungen für dieses Freizeitverhalten gefragt. Vorgegeben und anzukreuzen waren *auf Jück – auf Jüsch – auf Schipp – auf Schöcklebömm.* Niemand in Essen machte sein

Kreuzchen bei einer der drei letzten Varianten, während *auf Jück sein* von vielen bestätigt wurde. Zwei andere Ausdrücke wurden von Essenern und Essenerinnen besonders oft ergänzt: *auf Trallafitti* und *auf Achse*. Bei den Jugendlichen (unter 25 Jahre alt) ist *auf Achse* beliebt, die Erwachsenen tendieren zu *Trallafitti*.

Trallafitti ist so ein Wort, bei dem wohl niemand auf Erden sagen kann, woher es kommt. In Heinz Küppers »Wörterbuch der deutschen Umgangssprache« ist es nicht zu finden, wohl aber *Tralla* und *trallala machen*. Wenn etwas *zum Tralla ist*, dann hat man es auf den Kopf gehauen und verjubelt. Für *trallala machen* gibt Küpper als Bedeutung »ausgelassen sein; ohne Ernst sein; flirten; sich amüsieren«. Hat der Essener Ausdruck *Trallafitti* damit etwas zu tun? Ein gewisse Nähe haben die Wörter zwar, aber … *Kann sein, muss abber nich.*

In deutschen Wörtern taucht, wenn sie mehr als eine Silbe haben, meist ein schwaches *e* auf: *Achse, Kötsche, Essen, dötschen* usw. Dieser Laut wird in der Sprachwissenschaft Schwa genannt. *Trallafitti* mit seinen zwei *a* und zwei *i* fällt aus dem Rahmen. Es passt besser zu *Fittipaldi* (dem Namen des früheren brasilianischen Rennfahrers Emerson Fittipaldi) oder zu *trallala*, mit dem wir das Trällern beim Singen nachempfinden. *Trallafitti* gehört zu den Paradiesvögeln unter den Wörtern. Es ist ein Spaßwort, für einen Beerdigungszug hätte man sich einen anderen Ausdruck einfallen lassen.

Mau-Mau und *Muckibude*

Essener Wörter, bei denen der Spaß am Sprachspiel mit Händen zu greifen ist: *Flitzpiepe, Kladeradatsch, Latüchte, leckofanni, Lulu machen, Mau-Mau, Muckibude, Oschi, verkasematuckeln, zappzerapp.* Dass keins dieser Wörter eine Essener Exklusivität ist, muss hier niemanden bekümmern. Eine Sprachinsel ist Essen nicht!

Wenn *Trallafitti* nicht in Küppers »Wörterbuch der deutschen Umgangssprache« steht, dann, weil der Autor es schlicht übersehen hat. Das Wort gehört eigentlich dorthin. Dass es noch einmal in den »Duden« aufgenommen wird, ist wohl nicht zu erwarten, auch wenn *Trallafitti* auf dem Vormarsch ist. So wird es heute auch schon am tiefsten Niederrhein, im Raum Kleve, verwendet. Anders sieht es aus bei *Schöcklebömm*, das keinerlei Attraktivität für Menschen zu besitzen scheint, die dieses Wort noch nicht kennen. Im Raum Geldern-Xanten-Rheinberg ist jemand *auf Schöcklebömm*, der *auf Trallafitti* ist. Weit kann er mit diesem Wort allerdings nicht kommen. Nicht erst *auf Schalke* würde man ihn nicht mehr verstehen.

Fisematenten machen

Wie schreibt man *Fisematenten*? Auf der Liste der bei Essenern beliebten Wörter landeten die *Fisematenten* im Jahr 2009 auf Platz 8 (siehe S. 21). Allerdings waren sich die Essener extrem uneinig bei der Schreibung dieses Wortes. Auf häufigsten notierten sie *Fisematenten*, daneben tauchten auch die Schreibvarianten *Fiesemateten, Fissematenten* und *Fisemattenten* auf. Seltener waren die Fälle, in denen die zweite Silbe ein *i* hatte: *Fisiematenten* und *Fissimatenten.*

Wer im aktuellen Rechtschreib-»Duden« unter *Fise-* nachschlägt, findet zwischen den Stichwörtern *Fis-Dur* und *Fishburger* nur den Eintrag *Fisettholz. Fisematenten* glänzt durch Abwesenheit. Fündig wird man unter *Fisi-*: *Fisimatenten. Fisematenten* (bzw. *Fisimatenten*) ist also ein Wort, das sich in orthographischer und phonetischer Hinsicht extrem widerborstig verhält. Auch seine Bedeutung lässt sich nicht ohne weiteres auf den Punkt bringen. Im »Duden« ist zu finden: »*ugs. für* leere Ausflüchte« (ugs. = umgangssprachlich) . Unter den Bedeutungsangaben der Essener und Essenerinnen tauchen allerdings »Quatsch machen«, »Unsinn« oder »Blödsinn machen« auf. *Dat is doch nich datselbe.*

Von *Pullefass* bis *Pannemann*

»*Pullefass* f. Badewanne, *Ösken* für kleines Kind oder ›Schlawiener‹, *Pittermesser* für Küchenmesser, *Knickerwasser, jmd. die Hucke voll hauen, jmd. etwas aus dem Kreuz leiern, Fisematenten machen, jau* f. ja, *kumma* f. guck mal, *kannze ma* f. kannst du mal, *Transuse* f. eine langsame Person, *Ömmes* f. »Freier« oder »Verehrer«, *Plumsklo, Balken* f. Speicher oder Dachboden, *Döskopp* oder *Pannemann* f. Dummkopf.«
Essener(in) aus Altenessen, 1944 geboren

Bei vielen Stichwörtern, die von Wörterbuchredaktionen als »umgangssprachlich« eingestuft werden, bleiben Ursprung und Wortgeschichte im

Dunkeln. Im Falle von *Fisematenten* (bzw. *Fisimatenten*) weiß man mehr. In einer Kölner Chronik aus dem Jahr 1499, der Koelhoffschen Chronik, steht der Halbsatz »it is ein viserunge ind ein visimetent«. Zugegeben, *visimetent* hat in der dritten Silbe ein *e* und kein *a*, außerdem tritt das Wort hier in der Einzahl auf, während *Fisimatent* (oder *Fisimatente*) für uns ja undenkbar ist. Trotzdem: mit »Unsinn« oder »Blödsinn« ließe sich *visimetent* in diesem Chroniktext durchaus übersetzen (*viserunge* = Schilderung). Der Kölner Beleg gehört in die komplizierte Wortgeschichte von *Fisematenten*.

Fitsch ma eem umme Ecke!

Mottek, malochen, Trallafitti, Fisematenten – es sind diese schillernden Wörter, die jemandem sofort einfallen, wenn er nach den Besonderheiten der Essener Alltagssprache (oder des »Ruhrdeutschen«) gefragt wird. Auf *fitschen, kloppen* oder *schlindern* kommt man vielleicht erst im zweiten Anlauf. Diese Tätigkeitswörter waren schon im Dialekt zuhause und haben dann den Sprung ins Essener Deutsch geschafft. Im Falle von *kloppen* könnte man sagen: »unbeschadet« geschafft. Denn aus dialektalem *kloppen* wurde ja nicht *klopfen*, in Essen blieb man beim einheimischen *p*. So auch bei *Kopp, Köpper* oder *köppen*, und der *Döskopp* blieb ein *Döskopp*.

> *»Es dat Lewen noch so schwor, holt di Kopp on Hatten klor!«*
>
> (Ist das Leben noch so schwer, halt deinen Kopf und (dein) Herz klar!)
> Lebensweisheit, aufgezeichnet im Dialekt von Schuir

Bei *schlindern* liegen die Dinge anders. Auf Platt hieß es einmal *slinnern*, aus dem *sl-* wurde später, analog zum Hochdeutschen: *schl-*. Im Wörterbuch für den alten Dialekt von Dormund findet man unter anderem: *Släbberken* (kleines Esstuch), *slachen/slachten* (schlachten), *Sladder* (schwatzhaftes Frauenzimmer), *slinnern* und *slockern* (lose sitzen, schlottern). Es sind viele Regeln (und Ausnahmen), die beschrieben werden müssten, wenn man die Umsetzungsvorgänge zwischen Platt und Alltagsdeutsch exakt und vollständig aufdröseln wollte. Im Dialekt wurde in Wörtern wie anders, Hände oder Kindereien (*Kinnerieen*, siehe S. 28) das *d* in der Regel nicht ausgesprochen; das erklärt auch, warum man in

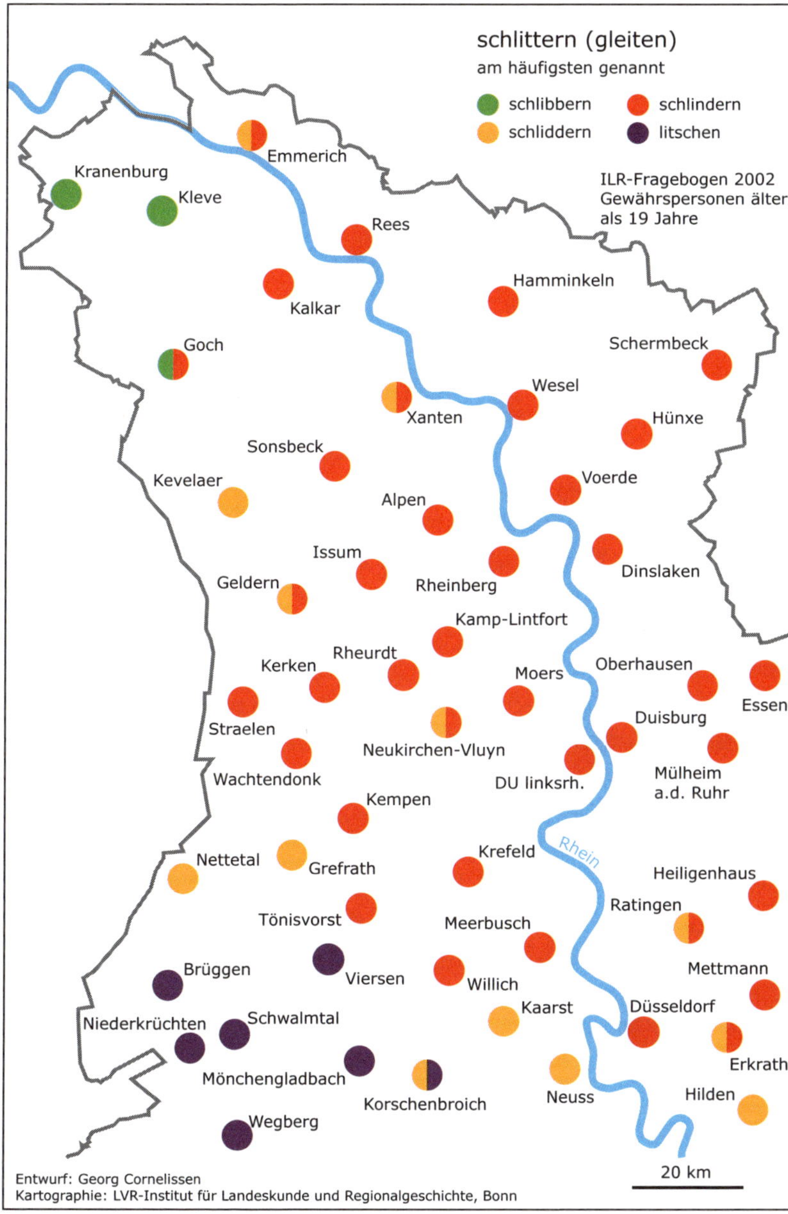
schlittern (gleiten)
am häufigsten genannt
schlibbern
schlindern
schliddern
litschen
ILR-Fragebogen 2002
Gewährspersonen älter als 19 Jahre
Emmerich
Kranenburg
Kleve
Rees
Kalkar
Hamminkeln
Goch
Schermbeck
Wesel
Xanten
Hünxe
Sonsbeck
Kevelaer
Voerde
Alpen
Issum
Dinslaken
Geldern
Rheinberg
Kamp-Lintfort
Rheurdt
Kerken
Moers
Oberhausen
Essen
Straelen
Duisburg
Neukirchen-Vluyn
Wachtendonk
DU linksrh.
Mülheim a.d. Ruhr
Kempen
Rhein
Krefeld
Nettetal
Grefrath
Heiligenhaus
Ratingen
Tönisvorst
Meerbusch
Brüggen
Viersen
Willich
Mettmann
Kaarst
Düsseldorf
Niederkrüchten
Schwalmtal
Erkrath
Mönchengladbach
Korschenbroich
Neuss
Hilden
Wegberg
20 km
Entwurf: Georg Cornelissen
Kartographie: LVR-Institut für Landeskunde und Regionalgeschichte, Bonn

Essen *anners* oder die *Annern* hören kann. Bei *schlindern* ist es allerdings wieder *anners*.

Nicht wenige Menschen in NRW stufen *schlindern* als hochdeutsch ein (nicht so die Wörterbücher des Deutschen). So erklärt sich dann auch, dass der Verfasser des Dortmunder Dialektwörterbuches zu *slinnern* die Bedeutungsangabe »schlindern, auf dem Eise gleiten« macht. In deutschen Wörterbüchern findet sich dagegen das Tätigkeitswort *schlittern*. Im westlichen Ruhrgebiet und am Niederrhein sind neben *schlindern* noch *schliddern, schlibbern* und *litschen* gebräuchlich. Auf der Karte ist für jede Kommune dasjenige Wort eingetragen worden, das dort am besten bekannt ist.

Ein Wort, das eine aus Essen stammende Touristin gleich bei ihrem ersten Aufenthalt in den Niederlanden lernen wird, ist *fiets* (Fahrrad). Die Aussprache ist in etwa *Fitz*. Die *fiets* ist in unserem Nachbarland ja nicht nur dem Klischee nach, sondern auch in der Realität das Nationalgefährt. Die niederländischen Sprachwissenschaftler haben sich ausführlich mit der Geschichte des Wortes *fiets* beschäftigt und eine Zeitlang geglaubt, ein Fahrradhändler namens *Viets* in Apeldoorn sei der Namenspender gewesen. Dann fand man jedoch heraus, dass die Kinder in Apeldoorn das Wort schon verwendeten, bevor noch besagter Fahrradhändler sein Geschäft eröffnet hatte. Heute glaubt man, dass *fiets* möglicherweise von dem Tätigkeitswort *vietsen* herzuleiten sei, mit dem schnelle Bewegungen bezeichnet werden. *Fitsch ma eem umme Ecke! Fitschen* (flitzen) und *vietsen* können durchaus verwandt sein.

Wie klang *fitschen* einstmals im Dialekt? Im Wörterbuch von Dortmund steht es in genau dieser Lautung (*fitschen*) mit der Bedeutung »schnell hindurchflitzen«. Als Beispielsätze sind dort zu finden: »Dä Hase fitschede düär de Hiëge« (Der Hase flitzte durch die Hecke) und »Dä Fisch fitschede mi ut de Hand« (Der Fisch flitzte mir aus der Hand). Früher wird man statt *fitschen* auf westfälische Art eher *fitsken* oder *fits-chen* gesagt haben. Aber das ist dann doch schon viel länger her.

tschüssikowski!

Wer sich in Essen, nachdem er *anne Bude* sein *Bierken* getrunken oder seine Currywurst *verkasematuckelt* hat, mit *servus* verabschiedet, wird auffallen. In Köln übrigens auch. Am Rhein wäre *tschö* das Normalste von der Welt, in Essen *tschüss*. *Tschüss* dürfte ursprünglich aus dem Spanischen stammen und sich von *adiós* herleiten. Irgendwann, irgendwie ist daraus dann *adschüss* geworden, daraus wiederum *tschüss* (oder *schüss*). Kürzere Versionen sind derzeit nicht im Angebot.

Aber längere: *tschüssi, tschüss mit üss, tschüssikowski*, das Ganze vermutlich auch wieder ohne das Anfangs-*t*: *schüssi* usw. *Tschüssikowski* ist eine Variante, die nach Ruhrgebiet »riecht«. Das *-ikowski* lässt an Familiennamen wie *Tilkowski* oder *Kalinowski* denken, wie sie an der Ruhr nun mal häufig vorkommen: das »polnische« Erbe (siehe S. 45). Diese Endung wird mit einem bekannten Wortstamm verbunden: analog zu *tschüssikowski* kennt man in Essen auch *flottikowski*. Die »Bauweise« wurde schon oft ausprobiert: *Apparillo* (Apparat), *Mamelitschka* (Marmelade), *Kontrolletti*, *geilo*, *futschikato* (futsch). Wörter, die sonst eher blass aussähen, werden so aufgepeppt, wobei sich fremd oder fremdsprachig klingende Schwänzchen besonders gut machen.

Ein Essener, der beim Abschied *Hau rein!* hören lässt, macht nicht viele Worte. *Hau rein!* ist kurz und knapp wie *Willze wat?* oder *Hasse Hunger?* Aber die Alltagssprache lebt nicht von der Kürze allein. Ein paar Silben mehr sind immer drin. In diesem Sinne: *tschüssikowski!*

Bei dem kannze hörn, wo der herkommt
Der Norden und der Süden Essens

Katernberg und Königswinter

Der Drachenfels in Königswinter an einem schönen Sommertag: Unter den Besuchergruppen, die jetzt an den Rhein kommen, um die Ruine zu besichtigen, werden auch welche aus Essen sein. Wenn die Essener sich dann ein Andenken kaufen oder ihr Mittagssüppchen zu sich nehmen, wenn sie also auf Einheimische stoßen, die hinter den Verkaufstheken stehen oder ihnen das Essen servieren, bekommen sie einen Eindruck davon, wie es im Rheinland klingt: *Wie, dat Julasch is nisch jut?* Oder: *Zehn Ansichtskachten: macht jenau fünnef Euro!*

Umgekehrte Spracherfahrungen hat ein Königswinterer gemacht, den es im Laufe seines Lebens nach Essen verschlagen hat. Im Jahr 2005 beteiligte er sich an der schriftlichen Befragung zum Alltagsdeutsch an Rhein und Ruhr – und notierte nicht nur die ihm aus seiner neuen Heimatstadt bekannten Formen, sondern stellte ihnen gleich noch die rheinischen Varianten für Königswinter gegenüber. Heraus kam dabei ein bemerkenswerter Doppelfragebogen. – Im Kopf des Fragebogens war zu lesen:

Es »geht es um die regionale Sprechsprache, die zwischen Dialekt und ›reinem‹ Hochdeutsch angesiedelt ist. Typische Sätze dieser Sprachform sind: *Dat haste schön gesacht! – Du machs ja doch keinen Köpper vom Dreier. – Du kriss et noch kaputt.* Gefragt wird hier also nicht nach dem örtlichen Platt, sondern nach dem legeren Alltagsdeutsch. Sie können bei den meisten Fragen auch mehrere Varianten ankreuzen oder ergänzen. Kommentare sind immer willkommen.«

Hier nun ein Auszug aus dem Essen-Königswinterer Doppelfragebogen (E = Essen; Kö = Königswinter):

Frage 1. Erstklässler:
E: *I-Männeken*
Kö: *I-Männchen, I-Dötzchen, I-A-Köttel*

Frage 3. Weckmann:
E: *Stutenkerl*
Kö: *Hierzemann*

Frage 4. Dachboden:
E: *Boden*
Kö: *Speicher*

Frage 8. fegen/kehren: Wie sagt man in dem Satz: *Du muss draußen noch …*
E: *fegen*
Kö: *kehren*

Frage 9. heim/nach Hause: Wie sagt man in dem Satz: *Komm jetz …*
E: *nach Hause*
Kö: *heim*

Frage 13. Wie nennt man das Kinderspiel, bei dem die Kinder mit Kreide Kästchen aufzeichnen und dann mit einem Stein (einer flachen Dose o. ä.) hüpfen?
E: *Hüpfkästchen*
Kö: *Hüppekästchen*

Frage 16. nicht: Was wird in dem Satz *Dat habb ich … gehört* verwendet?
E: *nich*
Kö: *nisch*

Frage 17. Wie wird »Hast du« in der Frage … *dat schon gehört?* ausgesprochen?
E: *hasse*
Kö: *haste*

Frage 19. Wie heißt es in dem Satz: *Da is … Maria.*
E: *die Maria*
Kö: *et Maria*

Frage 20. *Der geht …*
E: *inne Kirche*
Kö: *in de Kirche*

Frage 24. kleiner Junge:
E: *Jüngsken*
Kö: *Jüngelchen*

Frage 29. fünf (Aussprache):
E: *fümpf*
Kö: *fünnef*

Frage 31. Mädchen (Aussprache):
E: *Mädchen*
Kö: *Mädschen*

Frage 32. Gummi (Aussprache):
E: *Gummi*
Kö: *Jummi*

Dass dieser ältere Herr, Jahrgang 1926, ein besonders fein entwickeltes Sprachgefühl hat, zeigte sich unter anderem bei Frage 36. Dort ging es um das Geschlecht von *Gummi* (im Sinn von *Gummiring*), ein Wort, das im Deutschen zwischen *der* und *das Gummi* schwankt. Für Königswinter, meinte der Essener, müsse man von *der Gummi* (oder *der Jummi*) ausgehen, in der Metropole an der Ruhr sage man eher *das* oder *dat Gummi*. Die Auswertung aller Fragebögen für Essen und Königswinter hatte folgendes Ergebnis:

	Essen	Königswinter
der	8	15
das/dat	24	3

Das Gesamtergebnis gab ihm also Recht. Für Essen wurde insgesamt 24-mal *das/dat Gummi* angekreuzt, nur achtmal *der Gummi*. Die Kreuzchen auf den Fragebögen vom Rhein verteilten sich in umgekehrter Weise.

Später stellte sich dann heraus, dass dieser Essener in Katernberg lebt, so dass man präzisieren könnte: Es ist Katernberger Deutsch, das er hier mit dem rheinischen Deutsch Königswinterer Prägung verglichen hat. Statt E könnte man also auch die Abkürzung Ka nehmen. Im Essener Stadtteil Kettwig wäre an einigen Stellen mit anderen Antworten zu rechnen bis hin zu partiellen Übereinstimmungen mit den Sprachverhältnissen am Drachenfels. So könnte eine Kettwiger Gewährsperson bei Frage 31 (Aussprache von Mädchen) beispielsweise die Variante *Mädschen* ankreuzen. Und dass man auf den Straßen Kettwigs auf Menschen stößt, die sich über *Jummis* (Frage 32), *Jedöns* oder *Jeheimnisse* unterhalten, liegt durchaus im Bereich des Möglichen (siehe S. 86).

Aus dem Wortschatz des ostwestfälischen Regiolekts von Gütersloh:

Gepattkerter (<alkoholisches> Mischgetränk) – *nönkern* (ein Mittagsschläfchen halten) – *Pölter* (Schlafanzug, Nachthemd) – *Pöter* (Hintern) – *schännen* (schimpfen) – *auf Schlür* (auf Trallafitti) – *schucken* (bezahlen) – *Zissemännken* (kleiner, hagerer Mensch)

Nordrhein-Westfalen ist ein großes Bundesland. Hier leben mit etwa 18 Millionen Einwohnern mehr Menschen als in vielen Mitgliedsländern der EU. Vermutlich werden überall in NRW Regiolekte gesprochen, die dem Kundigen verraten können, aus welcher Ecke des Landes ihre Sprecher und Sprecherinnen stammen. Ein Königswinterer beispielsweise fällt wegen seiner *rheinisch jepräschten* Sprache außerhalb des Rheinlandes auf. Für seine neuen Nachbarn in Katernberg ist er schon rein sprachlich der Zugezogene, in Rellinghausen oder Kettwig ergeht es ihm nicht anders.

Aus dem Wortschatz des rheinischen Regiolekts von Königswinter:

Bahn schlagen (schlindern) – *Buckelebu* (Purzelbaum) – *piddeln* (knibbeln) – *Pittermännchen* (Fässchen Kölsch) – *Plötsch* (Delle) – *schnösen* (naschen) – *sickig* (übellaunig, grollend) – *zoppen* (<jemanden> untertauchen)

Um den Zusammenhang von Sprache und Geographie dreht sich dieses Kapitel, dessen Perspektive sich auf die Varianz innerhalb der Stadt Essen verengen wird. Welche Konturen der alten, durch die früheren Dialekte begründeten Sprachlandschaft lassen sich auch heute noch erkennen? Wie unterscheiden sich die Stadtteile an der Emscher von denen an der

Ruhr? Klingt die Alltagssprache überall mehr oder weniger gleich? Oder haben Menschen mit einem guten Ohr noch immer die Chance, einen Katernberger oder eine Frau aus Kettwig herauszuhören?

Hellbergs Sprachäquator

Helmut Hellberg hat noch den ganzen Reichtum Essener Dialekte bewusst wahrgenommen. In den 1930er Jahren besuchte er Dialektsprecher und Dialektsprecherinnen und befragte sie nach bestimmten Wörtern, Formen und Lauten. Auf der Basis dieses Materials veröffentlichte er 1936 eine sprachwissenschaftliche Doktorarbeit, in der er auch seine Methoden beschrieb:

»Durch manche Erfahrung gewitzigt, habe ich mich nie auf einen einzelnen Sprecher verlassen, sondern in jeder Ortschaft soviel Personen, wie eben angängig, befragt. War dies auch zeitraubend und mit manchen Schwierigkeiten verknüpft, so bin ich dadurch sicherlich vor manchem Fehler bewahrt geblieben; denn ohne jede böse Absicht versuchte man, mich immer wieder dadurch zu täuschen, dass man die Eigenheiten der heimischen Mundart übertrieb, um sie so interessant wie nur eben möglich zu gestalten.«

Diesem Verhalten von Informanten begegnet man überall in Deutschland, zu Hellbergs Zeiten wie auch heute noch. Hellberg glaubte allerdings, das habe mit der besonderen Sprachsituation im damaligen Industriegebiet zu tun: »Man hat in diesen von Industrie überzogenen Gebieten nicht mehr das Empfinden dafür, dass das Platt etwas Primäres ist, sondern sieht es für komisch oder gewöhnlich an. So hält man auch emphatische Formen häufig für ›richtiges Platt‹, die deswegen mit Vorliebe dem Fremden gebracht werden. Besonders gefährlich waren dabei die sogenannten Kenner der Mundart, während die einfachsten Leute mich in meinen Bemühungen in jeder Hinsicht am besten unterstützt und gefördert haben.«

Das Gebiet, dessen Dialekte Helmut Hellberg unter die Lupe genommen hat, reichte im Süden bis nach Kettwig, Velbert und Langenberg, im Norden bildete die Lippe die Grenze. Er befragte im Westen Menschen in Oberhausen und Mülheim, während er im Osten noch Recklinghausen und Gelsenkirchen mit einbezog. Essen, in seinen heutigen Stadtgrenzen, wurde dabei also vollständig erfasst.

Auf einer von Hellberg entworfenen Dialektkarte ist eine Reihe von dicken Linien eingezeichnet, die er »Dialektgrenzen 1. Grades« nennt. Eine dieser Linie trennt Essen (jetzt ist immer die Stadt in ihren heutigen Grenzen gemeint) in einen Nord- und einen Südteil. Ich habe diese Linie einmal auf eine aktuelle Essen-Karte übertragen: Haarzopf, Bredeney, Heisingen und Kupferdreh liegen im südlichen Dialektgebiet, Rüttenscheid, Rellinghausen und Byfang gehören zum Dialektnorden. Die alte sprachliche Teilung findet sich, mit Abweichungen und Modifikationen, auch auf anderen Essener Dialektkarten in diesem Buch wieder: Hund (siehe S. 36), bisschen (S. 37) oder (der) alte (Mann) (S. 70). In Karnap an der Köttelbecke klang es also ganz anders als in Kettwig an der Ruhr. Auf Hellbergs Karte ist eine weitere, weniger dick gezeichnete Linie zu finden, die die Ruhr-Halbinsel (mit Überruhr, Byfang und Burgaltendorf <damals: Altendorf>) von den weiter nördlich gesprochenen Dialekten abhebt. Hier könnte man also auch noch einmal differenzieren.

Wer heute in Essen über den »Norden« und den »Süden« spricht, setzt die Grenze in der Regel viel weiter nördlich an. Der »Norden« ist dann das von Bergbau und Schwerindustrie geprägte Gebiet mit einer Bevölkerung, die einmal von ihrer Hände Arbeit leben musste (die *Malocher*), während sich der grüne Süden durch eine bürgerliche Bevölkerungsstruktur auszeichnet. Zu lesen ist auch immer wieder vom »armen« Norden und »reichen« Süden.

Rudolf Langensiepen, eine der beiden Hauptpersonen in Jürgen Lodemanns Essen-Krimi (siehe S. 46), ist erst seit drei Jahren Kriminalbeamter in Essen, als er sich mit dem Fall Drögemöller befassen muss. Seine individuelle Gliederung Essens hat viel mit beruflichen Erfahrungen zu tun: »Je weiter südlich ein Fall passierte, desto mehr mußte er mit undurchsichtigen Verhältnissen rechnen. Weiße-Kragen-Kriminalität. Man brauchte Monate. Wenn man überhaupt zu einer Art Lösung kam. Anrufe aus dem Norden aber brachten Proletenprobleme, Messerstechereien zwischen Arbeitern, Gastarbeitern, Autoschiebern, Zuhältern, in Heimen oder Bergarbeiterkneipen, eindeutige Fälle. Im Süden dagegen lagen die Dinge fast immer kompliziert, ja heimtückisch.«

> »Also, da simpwer gleich hingegangen nach sone Pinte hinter Altenessen annem Kanal, wo die Omma Wutke regierte. Ne olle fuchtelige Tante, aba ga nich übel. Bei die solltich ärß ma Bedienung machen, die würtat allein nich mähr schaffen mit ihre schlimmen Beine. Könntich umsonz wohn un mittie Papiere, da würder sich schon drum kümmern.«
> O-Ton Anita Drögemöller

Als Anita Drögemöller bei Kommissar Langensiepen angerufen hat und er sich auf dem Weg zu ihr befindet, geht ihm ihre Sprache durch den Kopf: »Diese Frau da am Telefon hatte eine unpassend nachlässige Aussprache hören lassen. So redeten Leute aus dem Norden, wohl auch aus der Mitte, aber so sprach selten eine aus dem Süden, höchstens eine Mißgeheiratete oder Neureiche.«

Das Sprachszenario, das der Kripobeamte hier skizziert, ist das vom Ruhrdeutschen als »Soziolekt«, als Sprache einer bestimmten gesellschaftlichen Gruppe oder Schicht (siehe S. 48). Helmut Hellbergs sprachliche Einteilung war eine viel ältere und eine ganz andere, sein Essener Dialektäquator datiert aus der vorindustriellen Zeit. Ob es ein Nachwirken dieser Sprachwelt bis in unsere Tage gibt – das ist das Thema dieses Kapitels.

Helmut Hellberg über das »Aussterben des Platts«:

»Da ich also in der überwiegenden Zahl von Orten gezwungen war, mich an ältere Leute zu wenden, habe ich dort, wo ich noch jüngere Sprecher des Dialektes antraf, diese noch nicht berücksichtigt, um zu einer zeitlich einheitlichen Schichtung zu gelangen. Zum gänzlichen Aussterben des Platts trägt der Umstand wesentlich bei, dass das Volk die Dialekte meines Gebietes, selbst wenn es sie aus Bequemlichkeit für den häuslichen Verkehr noch anwendet, als unschön unbedingt innerlich ablehnt.
Man glaubte deshalb, mich stets darauf aufmerksam machen zu müssen, wie grob und derb doch ihre Mundart sei; jeder Einwand dagegen war nutzlos, da er nicht ernst genommen wurde. Nur selten traf ich Menschen an, gewöhnlich waren es kleine Köttersleute, die an ihrem Dialekt zu hängen schienen.«

Stutenkerle unter sich

Buckmann, Piepenkerl, Stutenkerl, Weggemann, Stutenmann, Backsmann, Kloskerl, Weggepupp, Weckmann, Puhmann, Krintenkerl, Hirzemann … All diese nordrhein-westfälischen Wörter stehen für dasselbe: für ein »Gebildbrot« in der Form eines Mannes, oft mit einer kleinen Tonpfeife, das in den Monaten November und Dezember in den Bäckereien zu kaufen ist. Die meisten Einwohner Essens, die hiesigen Bäckereifachverkäuferinnen eingeschlossen, werden nur den *Stutenkerl* kennen. Versuchen Sie doch einmal, hier zum Nikolausfest zwei *Hirzemänner* zu bestellen …

Stutenkerl ist ein altes westfälisches Wort. Der *Stuten*, der darin steckt, meint eine bestimmte Brotsorte. Seine rheinländische Entsprechung ist der *Weckmann*, auf Platt auch *Weggemann*. *Stutenkerl* und *Weckmann* sind

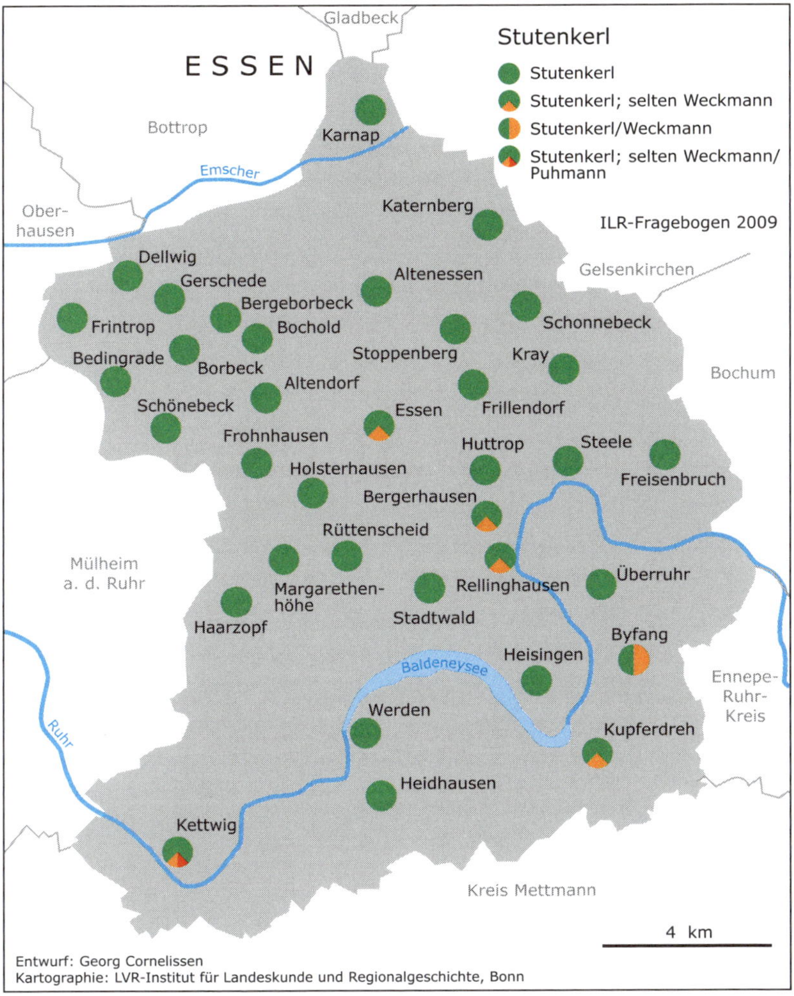

heute die beiden Bäckerwörter: »Stutenkerl 2,50 €« – an diesem Preisschildchen wird in Essen niemand etwas auszusetzen haben (es sei denn, das Backwerk sieht allzu mickrig aus). Dagegen würden in einer Bäckerei in Düsseldorf wegen diesem Schildchen lange Schlangen entstehen: *Wat is denn en Stutenkerl? – Dat is en Weckmann. – Un warum schreiben Sie dat nich?* … Auf solche Verkaufsgespräche kann man verzichten.

Stutenkerl und *Weckmann* sind dabei, all die anderen regionalen Bezeichnungen in NRW zu verdrängen, wobei das Gebiet von *Stutenkerl* im Raum Wesel-Duisburg bis an den Rhein reicht und sogar ein wenig darüber hinaus. Südlich von Essen, im Kreis Mettmann, herrscht dagegen schon der rheinische *Weckmann* vor.

Als wir 2009 in Essen nach den Bezeichnungen für das jahreszeitliche Gebildbrot gefragt haben, nannten 143 von 154 Informanten *Stutenkerl*. *Weckmann* wurde insgesamt achtmal angekreuzt, das entsprach etwa fünf Prozent der Fragebogenbearbeiter. Auf der Karte ist zu erkennen, wo diese acht Leute leben (orange): Fünf sind in Kettwig (2), Kupferdreh (1) und Byfang (2) zuhause und damit in der Nähe zum *Weckmann*-Gebiet im Süden. Je ein weiterer *Weckmann*-Kenner oder eine weitere -Kennerin leben in Bergerhausen, Rellinghausen und in Stadtmitte (*inne Stadt*), zwei von ihnen machten daneben auch ein Kreuzchen für *Stutenkerl*. Im Fragebogen war darum gebeten worden, den eigenen Sprachgebrauch zugrunde zu legen (»Wie sagen Sie?«); vorgegeben und anzukreuzen waren *Stutenkerl* – *Weckmann* – »beides«. Dass jemand in Bergerhausen in der Bäckerei wirklich »Zwei *Weckmänner*« bestellt … ist damit ernsthaft zu rechnen?

> »*Weckmann* is vonne andere Welt.«
>
> Essener(in), ohne Stadtteilangabe, 1964 geboren

Westlich von Essen kommt der *Weckmann* dann aber besser ins Geschäft. Im rechtsrheinischen Teil von Duisburg sagt man beides, in den linksrheinischen Stadtteilen (Rheinhausen) ist *Stutenkerl* nur noch selten zu hören. Die *Stutenkerl*-Karte für das Stadtgebiet Essens passt also genau ins nordrhein-westfälische Bild, das in diesem Fall ein zugunsten des Westfälischen verschobenes Gleichgewicht zeigt.

> »Meine Herkunft birgt bisweilen Probleme. So bestelle ich für meine Kinder einen *Weckmann* beim Bäcker, obwohl ich tief im Herzen finde, das heißt *Stutenkerl*, aber wenn ich das hier sage, verstehnse mich nicht«
> Mail einer aus Essen stammenden Frau, die in Düsseldorf lebt.

Bleibt noch der *Puhmann*, der auf der Karte für Kettwig einzuzeichnen war (rot). Dieses Wort ist im Großraum Mülheim beheimatet, kann sich aber wohl nicht gegen den übermächtigen *Stutenkerl* behaupten (siehe S. 78).

dem seine Olle

Frage 4 des zweiten Fragebogens lautete: »Wenn jemand sagt: *Hasse dem seine Olle gesehn?*: Klingt da bei *Olle* eine Bewertung mit?« 23 Prozent kreuzten »ja, negativ wertend« an, 25 Prozent meinten »nein, neutral«. Die übrigen Essener und Essenerinnen (52 Prozent) sagten »beides ist möglich«. Wenn auf Essener Straßen oder unter Essener Dächern also von einer *Ollen* die Rede ist, muss man ganz genau hinhören, wie es gemeint ist.

> »Was will die *Olle*? (Wirtin, Lehrerin, Chefin, Nachbarin)«
> Essener(in) aus Altenessen, 1938 geboren

Die Olle: wörtlich wäre das mit »die Alte« zu übersetzen. Das *oll* in der heutigen Alltagssprache ist identisch mit dem früheren Dialektwort *oll* »alt«. *Oll* sagte man einmal im Norden Essens, während die Dialekte des Essener Südens dafür die Lautvariante *aul* hatten. Die Karte, die wieder auf dem Dialektfragebogen Georg Wenkers basiert (siehe S. 27), lässt erkennen, dass die Verteilung der beiden ehemaligen Dialektvarianten über weite Strecken mit Helmut Hellbergs Essener Äquator übereinstimmt (siehe S. 63). Von niemandem, der sich 2009 an unserer Spracherhebung beteiligt hat, bekamen wir jedoch einen Kommentar, dass *Olle* durch *Aule* zu ersetzen sei: *Hasse dem seine Aule gesehn?* kommt nicht in Frage. Der alte sprachgeographische Gegensatz *oll* – *aul* ist inzwischen eingeebnet worden.

> *dem seine Perle*
>
> »Bei jüngeren (›Unterschicht‹?)-Leuten ist *Perle* wohl wieder angesagt; *Olle* gibt's auch nicht-zugeordnet (nicht-›possessiv‹): *da hat die Olle anner Kasse blöd gekuckt.*«
> Essener(in) aus Katernberg, 1951 geboren

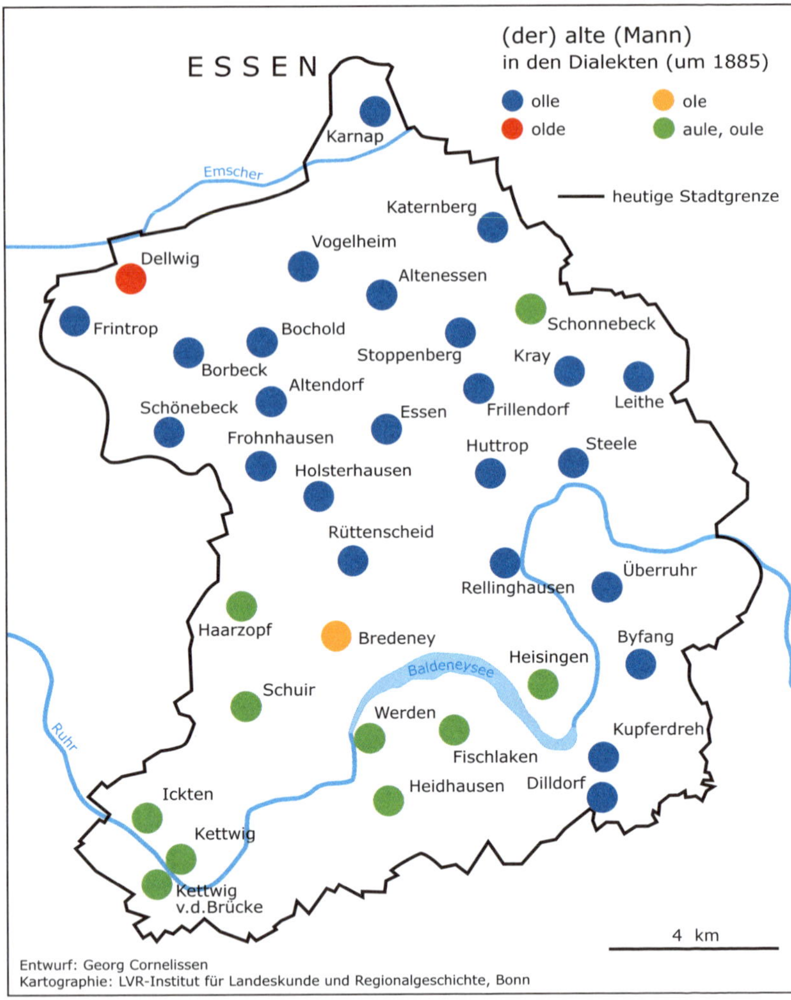

Völlig einverstanden waren unsere Gewährspersonen auch mit der grammatischen Konstruktion *dem seine*, die bei Witzmachern beliebt ist, wenn Heiterkeitserfolge erzielt werden sollen. In der Alltagssprache ist sie das Normalste von der Welt, nicht nur zwischen Köttelbecke und Ruhr, und ebenfalls den alten Dialekten zu verdanken. Klaus Birkenhauer hat sie in seinem »Ruhrgebietsdeutsch in dreißig Regeln« als Regel 21 beschrieben und durch das Beispiel *mein Vatta sein Haus* illustriert. Damit konkurriert, ebenfalls bei Birkenhauer nachzulesen, *dat Haus von mein Vatta*. Auf *dem*

seine Olle bezogen: *Hasse die Olle von dem gesehn?* Aus diesem Essener Alltagssatz lässt sich vermutlich allerdings kaum noch kabarettistisches Kapital schlagen.

> ***Hasse dessen Olle gesehn?***
>
> Muss sich ein Essener für diesen Satz schämen? Ist das schon Sprachverrat an der Heimat? Trägt er mit dem Genitiv *dessen* zu dick auf? *Is dessen Vatta Lehra?*

Schoss

Schoss ist ein altes Dialektwort, verwandt mit hochdeutsch *schießen* und *Geschoss*, und bedeutet Schublade. Das Wort stammt aus dem Rheinland. Im Essener Raum gab es einmal im Dialekt das *Schott* in derselben Bedeutung. *Schott* (mit *t*) und *Schoss* (mit *s*) verhalten sich zueinander wie *schwatt* zu *schwarz* (oder *schwazz*), wie *Water* zu *Wasser* oder *Fatt* zu *Fass*. Die meisten dieser im Dialekt beheimateten Lautvarianten wurden in Essen zugunsten hochdeutscher Entsprechungen wie *Wasser* oder *Fass* aufgegeben (siehe S. 29).

Die Grenze zwischen nördlichem *Schott* und südlichem *Schoss* war für die Dialekte einmal die Benrather Linie bei Düsseldorf. In der Zeit, als alle noch Platt sprachen, hat *Schoss* seine »natürliche« Begrenzung offensichtlich weitgehend akzeptiert; der nördlichste Beleg für *Schoss* im großen »Rheinischen Wörterbuch« stammt aus Wermelskirchen.

> *Schoss*
>
> »das ist eine Schublade, meistens unter der Küchentischplatte. Aber auch im Schrank. *Wo is datt? – Im Schoß!* Verwendet im mittleren Ruhrgebiet um Essen und Mülheim. Als Schimpf-Ausdruck gibt es den empörten Ausspruch: *Du hass wohl 'n Schoss offen!* Der Angesprochene wird als nicht-ganz-gescheit eingeschätzt.«
> Aus einer Mail.

Die *Schoss*-Karte, für die das Essener Fragebogenmaterial des Jahres 2009 aufbereitet wurde, zeigt ein völlig anderes Bild. Im gesamten Stadtgebiet zwischen Kettwig und Katernberg ist *Schoss* heute bekannt. Alle

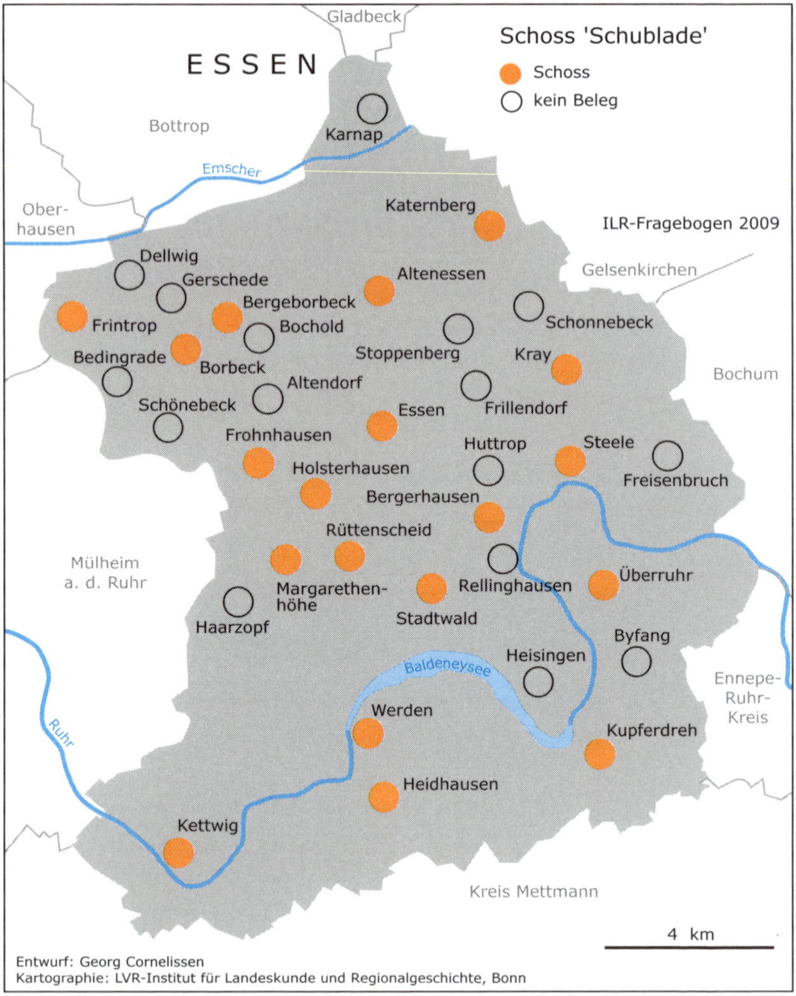

Stadtteile, aus denen zumindest einmal *Schoss* oder *Schösskes* gemeldet wurden, haben ein orange Symbol bekommen. Wenn für einen Stadtteil nur andere Bezeichnungen der Schublade genannt worden sind, zeigt die Karte hier das leere Kreissymbol. Es ist gut möglich, dass sich, wenn man vor 50 Jahren danach gefragt hätte, die *Schoss*-Belege vor allem im Süden gezeigt hätten, also in der Nachbarschaft zum Niederrhein bzw. zum Bergischen Land. Von dort hätte *Schoss* sich dann weiter nach Norden ausgebreitet.

Allerdings bestätigte 2009 gerade einmal ein Fünftel der Essener und Essenerinnen *Schoss*. Vielen Einwohnern der Stadt, so darf man wohl annehmen, ist das Wort offensichtlich nicht bekannt. Die Interpretation des Kartenbildes hat also mit einer starken Varianz bei der individuellen Vertrautheit mit diesem Wort zu rechnen.

Wenn die Annahme zutrifft, dass sich *Schoss* (auf Kosten von früherem *Schott*) über die Schiene Düsseldorf-Mettmann-Kettwig nach Norden hin ausgebreitet hat, wäre es interessant zu untersuchen, wie weit es sich nach Osten hin Bekanntheit verschafft hat. Im Wörterbuch für Bochum ist es zu finden (Fellsches/Küster 2003), in vergleichbaren Wortsammlungen für Gelsenkirchen und Dortmund aber nicht (Fellsches/Kiefer-Pawlak 2009 bzw. Fellsches/Gronemann 2008). Für Duisburg ist es wieder bezeugt (Fellsches 2008), es taucht auch im Wörterbuch der aus Oberhausen stammenden Helga Kanies als *Schössken* auf (Kanies 1991), während es in der Bottroper Wortsammlung fehlt (Boschmann 2008). Ob sich *Schoss* (und *Schössken*) nun in der geographisch vertrauten Weise von Süd nach Nord ausgebreitet hat oder ob die heutige Verwendung von *Schoss* in Oberhausen und Bochum eher auf örtliche Entwicklungen zurückgeht (bei denen das alte *Schott* durch umgangssprachliches *Schoss* ersetzt worden wäre) – das Wort *Schoss* lässt sich auf jeden Fall als sprechendes Beispiel dafür nehmen, dass wir beim »Ruhrdeutschen« immer genau hinsehen müssen, für welche Orte oder Regionen einzelne Wörter und Varianten gelten.

> *Fach, Lad(e), Schiebe, Schieblade, Schub, Schübe, Schub(b)fach, Schub(b)kasten, Schubse, Ziehlade.* Auch *Schapp* (eigentlich »Schrank«) wurde mehrfach genannt.
> Andere Bezeichnungen für die Schublade in Essen (Fragebogen 2009-2)

Otten und Otzen

Wer *Otzen* macht, der lässt beim Essen einen Rest auf dem Teller übrig. *Otzen* und die Varianten *Ötzen* und *Otten* waren auf dem Fragebogen 2009-2 zu finden. Das Ergebnis: *Otzen* nannten 29 Prozent, *Ötzen* 15 Prozent und *Otten* 27 Prozent der befragten Essener und Essenerinnen. Sprachgeschichtlich muss man hier zwei Gruppen bilden: *Otten*

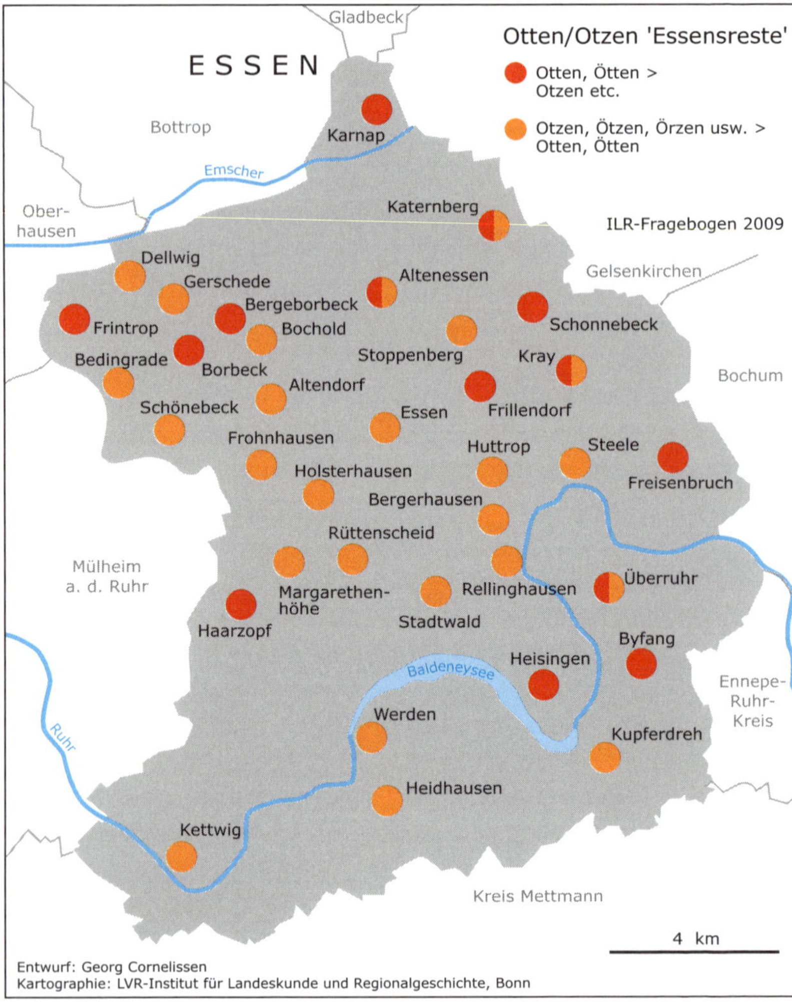

auf der einen Seite, die beiden übrigen Varianten auf der anderen Seite. *Otten* gehört mit seinem niederdeutschen *t* zu *schwatt, Water* und *Schott* (Schublade), *Otzen* und *Ötzen* passen zu *schwarz, Wasser* und *Schoss.* – Übrigens können auch Getränkereste mit diesen Wörtern bezeichnet werden.

Oztenelli

»Meine Schwester hieß wegen ihrer Reste auf dem Teller dann gern mal *Otzenelli.*«

Essener(in) aus Schönebeck, geboren 1956

Neben diesen drei Hauptvarianten gibt es heute innerhalb der Stadt Essen eine Unzahl weiterer Formen. Keine von ihnen wurde bei der Befragung im Jahr 2009 jedoch häufiger als dreimal ins Spiel gebracht (bei 154 befragten Personen). An *Otzen/Ötzen* schließen sich an: *Utzen, Ützen, Ützken/Ützkes* und *Ötzken/Ötzkes.* Dreimal wurde *Örzen* und einmal *Örzkes* genannt, je einmal *Össels, Üssel* und *Genüssel. Ötten*, als Variante von *Otten*, fand sich ebenfalls einmal.

Schon im Dialektzeitalter konnte man im Raum Duisburg-Sterkrade die Menschen von *Otzen* sprechen hören, zu erwarten gewesen wäre dort, wie in Wesel oder Essen, die Form *Otten. Otzen*, die südliche Variante, breitete sich also schon damals auf Kosten der einheimischen aus.

Die Karte zeigt ein buntes Nebeneinander der verschiedenen Varianten, die heute im Stadtgebiet Essens benutzt werden. Die »alten« Formen *Otten/Ötten* findet man in Heisingen und Byfang ebenso wie in Karnap oder Frintrop. Und auch die ursprünglich rheinischen Varianten (*Otzen, Utzen* usw.) sind im Norden wie im Süden anzutreffen. Anders als im Falle von *Schoss* (siehe S. 71) hat sich die alte Lautvariante (*Otten*) allerdings neben der neuen behauptet. Übrigens kennt man in Essen neben *Otten* (Essensreste) auch das Verb *otten* (Reste machen): *Hier wird nich geottet* schrieb eine Gewährsperson aus Schonnebeck (1966 geboren), eine andere: *Iss auf, Kind. Musse nich otten!* (aus Steele, 1956 geboren). Einmal wurde auch *dat Geöttke* gemeldet.

In Werden nannte ein Mann die Variante *Kützen*, ein anderer die Form *Kötzen*, die mit ihrem Wortanlaut doch sehr aus der Reihe tanzen. Im Rheinland kannte man früher einmal an verschiedenen Orten die Dialektvarianten *Hurz* bzw. *Nurz* oder *Nürzche*, die auf *Urz* (*Urzen*) zurückgehen und ebenfalls durch lautliche Neuerungen ins Auge stechen. Zu *Nurz* (mit *N-*) passt wieder *Genüssel* (siehe oben).

»Ich ess immer auf.«

Vielen Essenern und Essenerinnen scheinen sowohl *Otzen* als auch *Otten* als auch die übrigen Bezeichnungen unbekannt zu sein. »Kenn ich gar nicht!« – »ist mir nicht geläufig«: solche Kommentare fanden sich oft. »Ich ess immer auf – kein genannter Begriff ist mir geläufig« war ebenfalls als Begründung zu finden. Das muss im Umkehrschluss aber nicht bedeuten, dass diejenigen, die hier *Otzen* oder *Otten* angekreuzt haben, auch selbst Reste lassen. Was ein *Pinneken* ist, weiß in Essen ja schließlich auch ein Antialkoholiker.

aufem Bolzplatz bötschen

Wenn Kinder Fußball spielen, dann lassen sich zwei grundverschiedene Arten des Ballkontaktes unterscheiden. Spielen sie im Verein – oder spielen sie *aufe Straße* oder *aufem Bolzplatz*? Für die zweite Variante, die ohne Trikot und Trainer, kennt man in Essen unter anderem die Bezeichnungen *bolzen* oder *pöhlen*. Zwei andere Synonyme sind *bötschen* und *dötschen*.

»Pöhlen, Ballern, Kloppen, Bolzen«

(Synonyme für *bötschen*)
Essener(in) aus Altenessen, 1938 geboren

Von den 154 Essener Informanten, die den Fragebogen 2009-2 beantwortet haben, nannten neun das Tätigkeitswort *dötschen*, acht *bötschen*. *Dötschen* kennt man, wie die Karte zeigt, in Frintrop, Borbeck, Bergeborbeck, Katernberg und Rellinghausen (orange), *bötschen* (rot) in Altenessen, Frohnhausen und Rüttenscheid. Zwei Beispiele: Von den acht Gewährsleuten aus Altenessen nannte immerhin die Hälfte *bötschen*; für Borbeck war *dötschen* dreimal auf den insgesamt sieben Fragebögen zu finden. Es fällt dabei auf, dass für keinen Stadtteil die zwei Varianten nebeneinander angezeigt wurden. Sind sie also komplementär verteilt?

Auf der Karte ist zu erkennen, dass *bötschen* und *dötschen*, gemessen an Hellbergs Sprachäquator, im Norden zuhause sind. Südlich von Rellinghausen kommen sie, geht man von der Befragung des Jahres 2009 aus, nicht vor. (Zu *blötschen* in Kettwig gleich mehr.) Da beide Wörter vermutlich in den früheren Dialekten verwurzelt sind, spiegelt die Karte

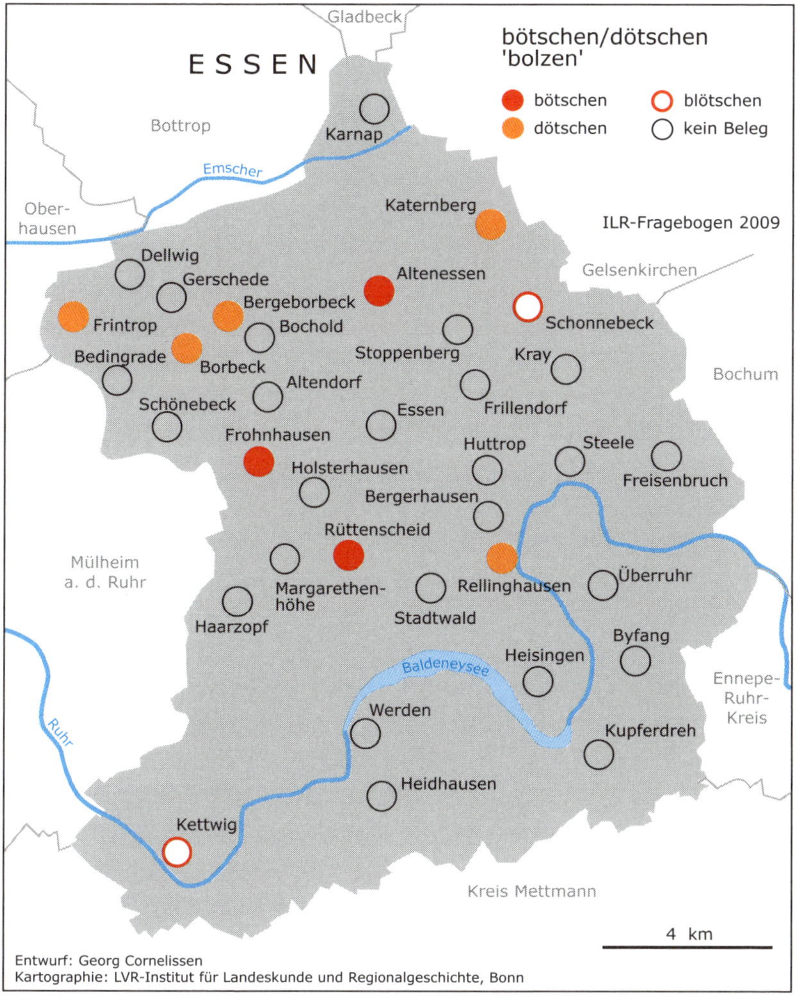

einen alten Nord-Süd-Gegensatz wider, der sich bis in unsere Tage gehalten hat.

Einmal unterstellt, *bötschen* und *dötschen* seien mit *bötzen* und *dötzen* verwandt. Dann handelt es sich um zwei Verben, deren Bedeutungsspektrum in der Vergangenheit einmal sehr breit gewesen sein dürfte. *Bötschen* (verwandt mit *bötzen*) könnte dann einmal stoßen, prallen oder mit Murmeln spielen bedeutet haben. Es wäre auch mit dem kölschen *bützen* verwandt, das (nicht nur in der Karnevalszeit) küssen bedeutet. Es ist also gut möglich, dass man *bötschen/dötschen* heute auch in anderen Stadtteilen Essens noch kennt – aber wohl nicht in der Bedeutung bolzen.

Eine von zehn Gewährspersonen in Kettwig notierte *blötschen* (mit *l*), eine Variante, die auch einem Einwohner Schonnebecks geläufig war. Das wird eine Spielform von *bötschen* sein. Im übrigen nannten die Kettwiger und Kettwigerinnen achtmal *bolzen*, dreimal *pöhlen* und einmal *kicken* (wobei eine Person mehrere Wörter einbringen konnte).

Als wir Essener Jugendliche nach ihren Bezeichnungen für das Kicken außerhalb des Vereins gefragt haben, kannten drei *bötschen* und zwei *dötschen*, alle fünf Belege kamen aus dem Norden (im Sinne Hellbergs). Insgesamt waren 28 junge Leute aus den Stadtteilen des Nordens und zwölf Jugendliche aus dem Süden (immer nach Hellbergs Einteilung) befragt worden.

Altendorf ist auf der Karte mit einem lichten Kreis vertreten. Keine der vier den digitalen Fragebogen ausgefüllenden Personen wollte also *bötschen/dötschen* kennen. Als die Jugendlichen interviewt wurden, sagten dann aber gleich zwei aus Altendorf, dass sie selbst das Verb *bötschen* im Alltag verwenden. Ein dritter Jugendlicher aus diesem Stadtteil kannte *dötschen*, sagte jedoch, es nicht selbst zu gebrauchen. Ferner wollte je ein junger Mensch aus Bochold (*dötschen*) bzw. Burgaltendorf (*bötschen*) eine der beiden konkurrierenden Bezeichnungen schon einmal gehört haben wollen.

Wenn Blötschköppe am blötschen sind…

…dann spielen Blödmänner Fußball.

Der Puhmann aus Kettwig

Als das LVR-Institut für Landeskunde und Regionalgeschichte im Jahr 2005 eine flächendeckende Erhebung zum Regiolekt durchführte, kamen auch 33 ausgefüllte Fragebögen aus Essen zurück. Auf einem davon war bei der Frage nach den Bezeichnungen des *Stutenkerls* auch *Puhmann* angekreuzt worden mit der Zusatzbemerkung »sehr selten«. Der Gewährsmann stammte aus Kettwig und gehörte dem Jahrgang 1941 an. In Mülheim, so das Ergebnis derselben Untersuchung, müsste der *Puhmann* heute eigentlich noch recht gut bekannt sein.

Je eine Einzelmeldung für dieses Wort gab es damals auch aus Duisburg und aus Oberhausen. Aus dem Kreis Mettmann kam keine Bestätigung, obwohl feststeht, dass man dort (etwa in Velbert) früher auch mal den *Puhmann* gekannt hat. Es handelt sich hier um ein altes Dialektwort mit einem recht begrenzten Verbreitungsgebiet. Die Redaktion des großen »Rheinischen Wörterbuchs« ist davon ausgegangen, dass *Puhmann* eine Lautvariante von *Buhmann* darstellt. Dieser *Buhmann* war einst der *Bullemann*, die (fiktive) Gestalt, mit der man Kindern Angst eingejagt hat. Im Raum Mülheim-Kettwig hat der *Puhmann* seinen Charakter und seine Erscheinungsform gründlich gewandelt: Hier ist er ein Kerl zum Anbeißen.

Der Mülheimer *Puhmann*

Im Mülheimer Dialektwörterbuch aus dem Jahr 1965 wird *Pumann* durch »Pumann (Stutenkerl)« erklärt (hier ohne *h* geschrieben). Für den Verfasser des Lexikons war *Puhmann* noch ein so selbstverständliches Wort, dass es sogar als (hochdeutsche) Bedeutungsangabe, wenn auch durch *Stutenkerl* assistiert, taugte.

Kaum ein Kettwiger oder eine Kettwigerin kennt heute noch dieses alte Wort. Bei der Essener Befragung des Jahres 2009 machten nur zwei der zehn aus diesem Stadtteil stammenden Gewährspersonen (geboren 1938 bzw. 1940) ein Kreuzchen bei *Puhmann*. Von den sieben Jugendlichen schließlich, die wir dort im Rahmen der Interviews nach dem *Puhmann* gefragt haben, konnte kein einziger etwas mit diesem Wort anfangen: Der Kettwiger *Puhmann* verkrümelt sich. Die *Stutenkerl*-Karte (siehe S. 67) zeigt mit dem Rot für *Puhmann* also eine Sprachsituation, die aus der Sicht junger Leute längst Vergangenheit ist.

Wo die Kötsche fließt

Kaum eine Wortsammlung für die Städte im Ruhrgebiet führt die *Kötsche* auf. Das liegt daran, dass die wenigsten Leute dieses Wort kennen. *Kötsche* ist eine Bezeichnung, die auch nur ganz kleinräumig verbreitet ist.

Auf dem Fragebogen 2009-2 wurden die Essener und Essenerinnen gebeten, die Bedeutung von *Kötsche* zu nennen. Insgesamt 16 Personen,

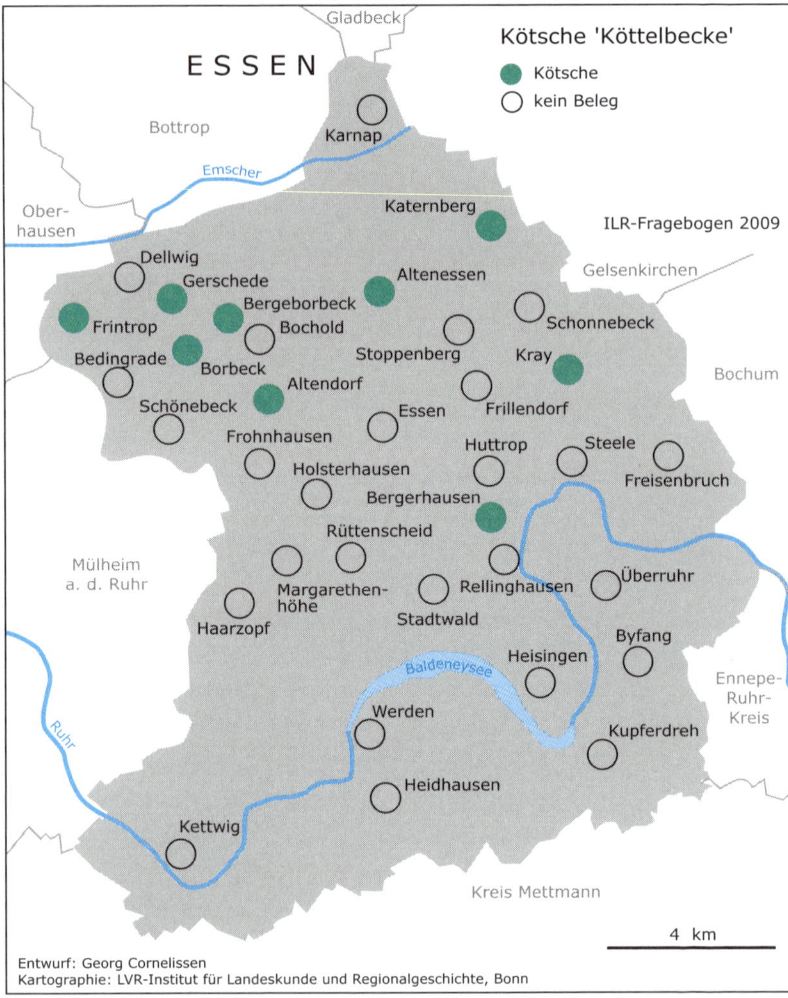

also etwa zehn Prozent, waren dazu in der Lage, meistens schrieben sie »Köttelbecke« oder auch »Abwasserkanal« (zu *Köttelbecke* siehe S. 15). Der Großteil der Essener, denen die *Kötsche* vertraut ist, lebt im Raum Frintrop-Katernberg-Altendorf (siehe Karte). Nur drei Belege stammten anderswoher: aus Kray (1) und Bergerhausen (2).

Es liegt nahe, bei *Kötsche* und *Köttelbecke* von einer Verwandtschaft auszugehen. *Köttelbecke* wird das ältere Wort sein, an das sich *Kötsche* später angelehnt hat. *Kötsche* setzt sich dann zusammen aus *Köt-* (zu *Köt-tel*) und dem Bildungselement *-sche*. Es gibt genug Substantive mit weiblichem Wortgeschlecht, die bei dieser Neubildung Pate (bzw. Patin) gestanden haben könnten: *die Kitsche, Klatsche, Klitsche, Kutsche, Matsche* … Hätte man sich für *Kötsch* entschieden, hätte die Ableitung zum Maskulinum konvertieren müssen und sich Vorbildern wie *der Fitsch, Klatsch, Matsch* oder *Ötsch* angeschlossen.

der Fitsch

»vorteilhaftes *Geschäft*, guter Fang, preiswerter Kauf«
Claus Sprick: »Hömma! Sprache im Ruhrgebiet«

Im Jahr 1985 stellte der Duisburger Sprachforscher Arend Mihm fest, wie wenig man damals über die Sprachgeographie des Industriegebietes an Emscher und Ruhr wusste: »Die regionale Differenzierung des Ruhrdeutschen ist bis auf einige verhältnismäßig grobe phonetische und lexikalische Unterschiede, die zwischen dem westlichen und östlichen Teil bestehen, weitgehend unbekannt.« Karin Salewski hat in ihrer 1998 veröffentlichten Doktorarbeit dann die Sprache von Bergarbeitern aus Duisburg und Dortmund miteinander verglichen und dabei zahlreiche Unterschiede entdeckt, vieles müsste aber noch untersucht werden.

Innerhalb der Stadt Essen, zwischen Emscher und Ruhr also, stößt man auch auf Nord-Süd-Differenzierungen. Was unter einer *Köttelbecke* zu verstehen ist, darüber gehen die Meinungen im Norden und im Süden durchaus auseinander. Die Vertrautheit mit Wörtern wie *bötschen, dötschen* oder *Kötsche* ist eigentlich nur im Essener Norden zu erwarten. Dagegen kommt ein Wort wie *Puhmann* nur im äußersten Süden des heutigen Stadtgebietes vor. Man könnte noch weiter fragen, beispielsweise danach, ob sich die Synonyme *I-Männekes* und *I-Dötzkes* zwischen Köttelbecke und Ruhr ebenfalls nach einem Nord-Süd-Muster verteilen. Alles in allem hat die frühere, zu Zeiten der alten Dialekte bestehende Sprachlandschaft viel von ihrer Farbigkeit und Gliederung eingebüßt, eine Essener Monokultur ist dabei aber nicht herausgekommen.

Ja, wo fließen sie denn nun, die *Kötschen*? Das Verbreitungsgebiet dieses Wortes innerhalb der Essener Stadtgrenzen lässt sich auf der Karte erkennen. Wer im Internet den Suchbegriff *Kötsche* eingibt, wird auf verschiedenen Seiten fündig und bekommt den Eindruck, dass *Kötschen* auch außerhalb Essens anzutreffen sind. Wo aber genau …? *Dat weiß niemand.*

Essener Akzente

Es gab einmal eine Zeit, als alle Menschen im Raum Essen noch Platt sprachen und dieses Platt sich von Ort zu Ort unterschied, mal etwas stärker, mal etwas weniger stark. Damals gehörte zu jedem Ortsdialekt ein charakteristischer Klang, und wer sein Heimatdorf oder seine Heimatstadt verließ und sich auf die Wanderschaft begab, konnte mit jeder zurückgelegten Meile hören, wie sehr sich die Intonation der Menschen, denen er begegnete, veränderte. Wer, um einmal ein Beispiel zu konstruieren, sich in Katernberg auf den Weg machte, um über Essen nach Süden zu wandern, stellte fest, dass ein bissiger *Rüe*, wenn der ihm in Rüttenscheid auflauerte, *Hund* genannt wurde und später in Kettwig dann *Honk* (siehe S. 35). Und mit dem Wortschatz änderte sich auch die Klangfarbe der Dialekte.

Die alten Ortsdialekte gibt es im Raum Essen schon lange nicht mehr. Ist aber etwas von den geographisch variierenden Akzenten übrig geblieben? Kann man, um auf das Beispiel zurückzukommen, heute noch hören, ob jemand aus dem Norden oder Süden des Stadtgebietes stammt? »Klingt« es in Katernberg anders als in Kettwig?

Den »Akzent«, der die gesprochene Sprache eines Menschen begleitet wie die Kälte den Schnee, nehmen wir als Sprechmelodie und als Ausspracheeigentümlichkeit einzelner Laute wahr. Wenn Essener also *Biiane* sagen, wo es um eine Birne geht, wird das Menschen in Düsseldorf oder Frankfurt auffallen und sie werden diese Aussprache als Teil des (Essener) Akzentes dieses Sprechers betrachten. Wer sagt aber *Biiane*? Wenn die Phonetik ins Spiel kommt, gelangt ein (geschriebenes und gedrucktes) Buch schnell an seine Grenzen. Entweder bedient es sich dann einer eher komplizierten Lautschrift oder es muss sich mit einer nur annäherungsweisen Beschreibung der akustischen Phänomene begnügen. In diesem Buch kommt nur die zweite Möglichkeit in Betracht.

Biiane, um ein Ergebnis gleich vorwegzunehmen, sagt man etwa in Altenessen, also im Nordosten des heutigen Stadtgebietes, dort, wo früher einmal ein westfälischer Dialekt gesprochen wurde. *Biiane* – diese Aussprache wird auch in Büchern zum Westfälischen als typische Lautung vorgestellt. Aber der Reihe nach.

Im Jahr 2009 haben wir im Rahmen des Essener Sprachprojekts eine Anzahl von Menschen gebeten, einen hochdeutschen Text vorzulesen, während ein Aufnahmegerät mitlief. Einige dieser Aufnahmen wurden später 20 Versuchspersonen in Düsseldorf vorgespielt mit der Frage, woher denn die einzelnen Vorleser stammen könnten. Dabei wurde allerdings nur der Anfang des Textes eingespielt, der in seiner Schriftfassung so aussah:

»Heute war Gerds letzter Arbeitstag. Der Wecker schellte wie immer um 20 nach 6. Er ging ins Bad, rasierte sich und saß 20 Minuten später am Frühstückstisch. Seit ewig und drei Tagen gab es morgens bei ihm Müsli mit Milch und Obst: manchmal mit Äpfeln, oft mit Birnen oder Pfirsichen. Dazu trank er Tee, heute Pfefferminztee.

Nach dem Frühstück fuhr er mit dem Fahrrad ins Büro, das war richtig Sport für ihn. Der Weg war nicht besonders lang. Gerd brauchte sonst ungefähr 25 Minuten, heute war er schon nach 17 Minuten angekommen. Pfeifend betrat er das Gebäude, der Pförtner grüßte nicht. Das war Gerd aber egal: Er fühlte sich königlich. Ganz gleich, ob viel oder wenig zu tun sein würde: Es würde ein kurzer Freitag werden, schon am frühen Nachmittag sollte er Feierabend haben.«

Jeder Versuchsperson in Düsseldorf wurden zwei Essener Hörproben vorgespielt, als dritte folgte jeweils eine Aufnahme desselben Vorlesetextes aus Neuss (einer Nachbarstadt Düsseldorfs). Alle Vorleser waren Männer der älteren Altersgruppe. Je ein Essener stammte aus Katernberg und Altenessen, die beiden anderen waren Kettwiger. Der Neusser Vorleser war immer derselbe. Es gab vier verschiedene Sets, die sich wie folgt zusammensetzten:

A1	Altenessen – Kettwig 1 – Neuss
A2	Kettwig 1 – Altenessen – Neuss
B1	Katernberg – Kettwig 2 – Neuss
B2	Kettwig 2 – Katernberg – Neuss

Gemessen an den phonetischen Merkmalen des Westfälischen, wie sie in der sprachwissenschaftlichen Literatur dargestellt werden, klang die Aufnahme aus Altenessen für mich sehr westfälisch, der Akzent des Mannes in Kettwig 2 unterschied sich für meine Ohren davon überdeutlich. Würden, so habe ich mich gefragt, Düsseldorfer und Düsseldorferinnen zu ähnlichen Höreindrücken kommen? Wäre es ihnen möglich, Menschen aus verschiedenen Stadtteilen Essens über deren Akzent zu lokalisieren?

Warum gerade Düsseldorf? Als alle noch Platt sprachen, muss der Kettwiger Dialekt für Düsseldorfer Ohren auffallend mehr Vertrautes geboten haben als die Dialekte von Altenessen oder Katernberg. Die spannende Frage war, ob sich auch im heutigen Vorlesehochdeutsch noch Spuren dieser früheren sprachgeographischen Nähe und Entfernung entdecken lassen.

Die insgesamt 20 Tests verteilten sich nicht ganz gleichmäßig über die vier Versuchsanordnungen: A1: 5 Personen, A2: 6, B1: 6, B2: 3. Vier der zwanzig Personen zeigten keinerlei Ähnlichkeit mit Sprachdetektiven, so dass deren Lokalisierungsversuche hier nicht weiter zu berücksichtigen sind. »Sprachdetektive« – und vielfach sind es natürlich Sprachdetektivinnen – sind Leute, denen es Spaß macht, die Herkunft ihrer Mitmenschen anhand deren Sprache zu ermitteln (und die dabei auch einigen Erfolg haben!). »Stammen Sie aus Bayern?« oder »Sie sind aber nicht aus dem Pott!« sind Fragen oder Feststellungen, durch die sie sich zu erkennen geben. Einer der vier Düsseldorfer Probanden, deren Ergebnisse hier nicht einbezogen werden, lokalisierte den Neusser Sprecher in Dortmund. Der Neusser hatte auf rheinische Art von *Bernen* und *Fürsischen* gesprochen, von *Spocht* und *Föchtner* und hatte den *ich*-Laut regelmäßig »koronalisiert«, also mit einer Tendenz zum *sch* (oder gar als *sch*) artikuliert: *Fürsischen*. Das hat mit Dortmund nichts zu tun. Auch seine Sprechmelodie war unverkennbar niederrheinisch-rheinisch. Drei andere Gewährsleute aus Düsseldorf konnten die ihnen vorgespielten Hörproben nur schwer auseinander halten, für sie klangen sie irgendwie ähnlich oder gleich. Die Herkunft der Sprecher wurde in allen drei Fällen im Niederrheinischen-Rheinischen gesucht.

Die übrigen 16 Testpersonen setzten die dritte Hörprobe von den beiden anderen ab, wobei sie sie zwölfmal im Rheinland (im Raum Köln-Aachen-Eifel) und viermal am Niederrhein (»Viersen«, »unsere Region«, »Düsseldorf«, »Niederrhein«) ansiedelten. Ihre Sache besonders gut gemacht haben fünf Düsseldorfer und Düsseldorferinnen, die die Aufnahmen aus dem Essener Nordosten und Südwesten auf nachvollziehbare Weise voneinander abgehoben und aufeinander bezogen haben. Da war beispielsweise eine Frau (geboren 1957), der das Set A1 vorgespielt worden war: Altenessen – Kettwig 1 – Neuss. Den ersten Sprecher ordnete sie dem »Kohlenpott« zu und nannte die Städtenamen Gelsenkirchen, Essen, Bochum. Dabei ahmte sie auch die Aussprache des gedehnten *i* in »Birnen« und »Pfirsichen« nach. Ihre Reaktion nach dem Abhören des zweiten Sprechers war: »Sch..., das klang ähnlich.« Dann hob sie allerdings hervor, dass hier das *i* »nicht so spitz« gesprochen worden sei. Vielleicht könnte dieser Sprecher aus dem südlichen Kohlenpott stammen, vielleicht aus Duisburg? Besser geht es nicht – wenn man bedenkt, dass diese Düsseldorferin nie in Essen gelebt hat.

Ein zweites Beispiel (wieder Set A1): Dabei verortete der Düsseldorfer (ebenfalls 1957 geboren) den Altenessener »Richtung Essen, Ruhrgebiet« und den Kettwiger »hier in der Gegend«. Der Kettwiger sprach, wie sich der Gewährsmann ausdrückte, »weich, melodisch«. Die beiden Sprecher unterschieden sich in seinen Ohren also durch die Intonation. Zu den fünf Sprachdetektiven möchte ich auch den Probanden (geboren 1948) rechnen, der während des Tests B1 beim Katernberger auf Dortmund oder Essen als Herkunftsort tippte, während er den Kettwiger zunächst in Köln, dann, sich korrigierend, in Düsseldorf ansiedelte. Der Sprecher der dritten Hörprobe war für ihn dann aber ein Kölner, zu erkennen an Ausspracheeigenheiten wie *Spocht* und *Gechd*, und dieser Sprecher hatte für ihn auch einen »typischen Tonfall«.

Von den übrigen elf Gewährsleuten in Düsseldorf taten sich nicht weniger als sechs schwer, überhaupt Unterschiede zwischen den beiden ersten Sprechern zu hören: »klingt gleich«, »klang ähnlich« (Kommentare bei Set A1), »kaum auseinander zu halten«, »von der Melodie her wie der erste« (Set A2), »gleicher Raum«, »klingt gleich« (Set B2).

Doch zurück zu den fünf Düsseldorfern und Düsseldorferinnen, die eindrucksvoll ihre sprachdetektivischen Qualitäten unter Beweis gestellt haben. Wenn schon Menschen, die am Rhein zuhause sind, einen Altenessener oder Katernberger nicht mit einem Kettwiger verwechseln, dann müsste es Essenerinnen gut möglich sein, Akzente innerhalb ihrer Heimatstadt zu unterscheiden – zumindest den sprachlich interessierten Essenerinnen. Eine Einschränkung muss man allerdings machen: Als Vorleser waren 2009 nur ältere Leute zu hören, bei Essener Jugendlichen könnte es schon wieder anders klingen.

Ein Maximum an Unterscheidbarkeit bieten die Hörproben aus Altenessen und Kettwig 2, die im Rahmen der Düsseldorfer Tests allerdings nicht direkt gegeneinander antraten, sondern auf die Sets A und B verteilt waren. Der Altenessener (Jahrgang 1938) dehnt bei *Biianen* und *Fiiasichen* das *i*. Dabei lässt er einen *r*-Ersatzlaut hören, übrigens auch in *Spoat*, den man oft als *a* verschriftet findet. Der ältere Herr (Jahrgang 1922), der hier als Kettwig 2 geführt wird, spricht das *ging* im dritten Satz als *jing* aus und zeigt im übrigen die Tendenz, das *g*- im Silbenanlaut als stimmhaften Reibelaut *g* zu artikulieren, wie es ihn im Hochdeutschen nicht gibt. In *Birrenen* ist bei ihm ein niederrheinisch-rheinischer »Sprossvokal« in der Mitte des Wortes zu hören, der es einem Sprecher erlaubt, das vorangehende *r* auch als *r* auszusprechen. Der Kettwiger beherrscht übrigens noch das Platt seines Heimatortes. Wer beide Aufnahmen nacheinander hört, wird auch mit deutlich voneinander abweichenden Sprechmelodien konfrontiert, die man wohl mit den Etiketten »westfälisch« (Altenessen) bzw. »niederrheinisch« (Kettwig) versehen kann. Beides hat seinen Platz in Essen.

Viel Lehrm um gefehrliche Biernen

Für seine Schrift »Westfälisch« (1977) hat Hermann Niebaum Schreibfehler gesammelt, die Schulkinder früher machen konnten, weil sie von Hause aus ein westfälisches Platt sprachen. Viele dieser Verstöße gegen die hochdeutsche Orthographie sind auch im Ruhrgebiet zu erwarten. Womit Lehrer in Essen also zu rechnen hätten: *Kierche, Pfiersiche, Schmiergelpapier, Lehrm, lehrnen* oder *gefehrden*. Schüler und Schülerinnen, die so schreiben, haben gute Ohren.

Vor einigen Jahrzehnten hat Arend Mihm in Duisburg und Mülheim eine teilweise vergleichbare Untersuchung durchgeführt. Hundert Personen, je zur Hälfte aus einer der Städte, wurde die Tonaufnahme einer Frau vorgespielt, die einen ausgeprägten regionalen Akzent hatte. Die Frau stammte aus Oberhausen und hatte danach in Mülheim und Duisburg gelebt. Den Gewährspersonen wurden vier potenzielle Herkunftsorte bzw. -regionen vorgegeben: 1. Gelsenkirchen-Bottrop, 2. Köln, 3. Duisburg-Mülheim, 4. Dortmund. Nur ein Mann tippte auf Köln, fünf Probanden glaubten, die Frau auf dem Tonband stamme aus Dortmund. Die Mehrheit (53) hielt es für wahrscheinlich, dass die Sprecherin aus dem Raum Bochum/Bottrop kam, während 41 Personen eine »richtige« Lokalisierung vornahmen.

Arend Mihm interpretierte das Ergebnis so, dass eben bei weitem nicht alle Menschen im Raum Duisburg-Mülheim über sprachliche Kriterien verfügten, um zwischen dem Westen und der Mitte des Ruhrgebietes unterscheiden zu können (wenn es, wie er ergänzte, solche Kriterien denn überhaupt gebe). Er führte dann noch einen Aspekt ins Feld: »Ein Grund für die Projektion der Sprachprobe in die Region Gelsenkirchen/Bottrop ist sicherlich die Scheu, die eigene Region und damit teilweise sich selbst mit dem Ruhrdeutschen zu identifizieren.« In Mülheim, vor den Toren Kettwigs gelegen, zeigte sich diese Abgrenzungstendenz viel stärker als in Duisburg. Vielleicht, so könnte man im Anschluss an die Beobachtungen zu Altenessen und Kettwig anfügen, klang die Sprecherin für Mülheimer Ohren eben doch ein wenig anders als für Duisburger.

Altenessen und Kettwig: Nicht alle Menschen in Altenessen werden denselben Akzent haben, und in Kettwig sprechen die meisten Leute vermutlich anders als unser alter Herr, der noch mit dem Dialekt aufgewachsen ist. Hier gäbe es noch sehr viel zu erforschen. Die Essener Tonaufnahmen und die Tests in Düsseldorf unterstreichen jedoch, dass Aussprache und Intonation der Essener Alltagssprache nicht von der alten sprachgeographischen Gliederung des Raumes abgekoppelt sind. Das kann, auf den ganzen *Pott* bezogen, nur heißen: Man hat mit verschiedenen Akzenten zu rechnen.

Wie die Blagen heute sprechen Wortwahl und Sprachoptionen junger Leute

Kappes und Tinnef

Wat der da erzählt, is doch alles Kappes – jeder oder fast jeder Essener weiß, was dieser Satz bedeutet: … ist »dummes Zeug«. *Kappes* ist ein altes Dialektwort mit der ursprünglichen Bedeutung Weißkohl. »Kennen Sie andere Wörter mit dieser Bedeutung [dummes Zeug]?« wollten wir 2009 wissen. Auf diese Frage hin nannten die 154 Essener und Essenerinnen eine lange Reihe von Synonymen, darunter: *Blech, Blödsinn, Bockmist, Dünnschiss, Firlefanz, Humbug, Käse, Killefit, Kohl, Kokolores, Kram, Larifari, Mist, Müll, Mumpitz, Nonsens, Pillepalle, Quark, Quatsch, Tinnef, Scheiß(e), Schmarn, Schmu, Schrott, Stuss, Tullux, Unfug* und *Unsinn*. Die Spitzenreiter in Essen waren *Kokolores, Quatsch* und *Tinnef*.

Ob es wirklich alles Synonyme sind? Bei Synonymen handelt es sich um bedeutungsgleiche Wörter, oft werden auch bedeutungsähnliche hinzugerechnet. In dem Satz *Wat der da erzählt, is doch alles* … dürfte keins der von den Essenern genannten Wörter fehl am Platze sein: Keine der Antworten war *Kappes*.

Am häufigsten fiel den Essenern *Kokolores* ein (35-mal), gefolgt von *Quatsch* (25-mal) und *Tinnef* (20-mal). In seinem Buch über Wörter und Wortgeschichten aus dem Rheinland widmet Peter Honnen *Kokolores* ein eigenes Kapitel, und es wurde sogar für den Buchtitel (»Alles Kokolores?«) ausgewählt. Honnen erzählt die farbigen, wohl aus der Luft gegriffenen Entstehungslegenden für *Kokolores* nach und stellt dem die in der wissenschaftlichen Literatur diskutierten Herleitungen dieses wahrhaft schillernden Wortes gegenüber. Bei *Tinnef* liegen die Dinge dann einfacher. Es handelt sich hier um eines jener geheimsprachlichen, zuvor aus dem Jiddischen entlehnten Wörter, zu denen in Essen auch *malochen, mies* oder *Mischpoke* gehören (siehe S. 49).

Plörre, Brühe, Muckefuck

Auf demselben Fragebogen, auf dem es um *Kappes* und *Tinnef* ging, hieß es: »Wie nennen Sie einen Kaffee, der nur noch lauwarm oder zu schlapp ist?« Unter den Antworten aus Essen tauchten folgende Wörter am häufigsten auf (in absteigender Reihenfolge): *Plörre, Brühe, Muckefuck, Blümchenkaffee, Miege, Lorke/Lorche, Spülwasser, Gesöff, Plempe, Bodensehkaffee/Bodenseekaffee* und *Mucke*. Dann folgten noch einige Wörter mit nur je einer Nennung. Da nach lauwarmem bzw. nach zu dünnem Kaffee gefragt worden war, ging es hier eigentlich um zwei verschiedene Sachen. Gerade die besonders oft angeführten Wörter werden in Essen aber wohl in beiden Fällen verwendet: Was gemeint ist, wenn jemand verächtlich von einer *Plörre* oder einer *Brühe* spricht, muss also im Einzelfall erst noch in Erfahrung gebracht werden. *Lecker isset jedenfalls nich.*

Wat der da erzählt, dat is doch Kappes – diesen, im Vergleich zum Fragebogen (siehe oben) nun leicht veränderten Satz haben wir auch 40 jungen Leuten in Essen vorgelegt und sie im Interview gefragt: »Was könnte man hier statt *Kappes* noch sagen?« In der Reihenfolge ihrer Häufigkeit wurden genannt: *Schwachsinn, Blödsinn, Unsinn, Quatsch, Mist, Müll, Kokolores* und *Unfug*. *Schwachsinn* fiel elf der Jugendlichen ein, *Kokolores* und *Unfug* nur noch zwei von ihnen; ferner gab es noch eine Reihe von jeweils einmal genannten Synonymen, *Tinnef* war aber nicht darunter. Auf Nachfrage meinten 16 der jungen Leute, *Kappes* im Alltag auch tatsächlich zu verwenden, und 20 weitere sagten, es zwar zu kennen, aber nicht zu gebrauchen. Gegen *Kappes* kommt *Tinnef* bei Jugendlichen nicht an!

pappsatt

Pappsatt und *puupsatt* waren auf dem Fragebogen des Jahres 2005 als alternative Ergänzungen angeboten worden in dem Satz »Wenn jemand nach dem Essen mehr als satt ist, dann ist er ...«. Neun von 15 Jugendlichen in Essen machten ihr Kreuzchen bei *pappsatt*, keiner bei *puupsatt*. Weiter wurden von den jungen Leuten noch »voll« (viermal), »randvoll« und »voll satt« (je einmal) ins Rennen geschickt, einer schrieb »platzt gleich« (mit Mehrfachnennung).

Auf dem ersten Essener Fragebogen von 2009 wurde mit demselben Satz operiert, allerdings ohne Wortvorschläge. Die zehn am häufigsten eingetragenen Synonyme waren (bei 465 Gewährspersonen): *pappsatt* (125), *voll* (118), *vollgefressen* (51), *proppevoll* (23), *pappensatt* (21), *proppenvoll* (16), *überfressen* (15), *pickepacke voll* (11), *püstig* (7) und *pappesatt* (6). Fasst man *pappsatt, pappensatt* und *pappesatt* zusammen und ebenso *proppevoll* und *proppenvoll*, rücken *randvoll* (5), *proppesatt* (4) und *pappenvoll* (4) nach. Bei *püstig* handelt es sich um ein altes Dialektwort, dass mit *Puste* zusammenhängt. Wer *püstig* ist, ist außer Atem, das kann an einem opulenten Mahl ebenso liegen wie an zu schwerer Arbeit oder zu schnellem Laufen. Außer *püstig* kamen noch vor: *pustig* (zweimal) sowie *pusterich, plüstig, plustig, plüsterich* und *plusterich* (je einmal).

... Pappnase, Pappplakat, Pappschachtel ...

Im zehnbändigen »Duden«-Wörterbuch wurde *pappsatt* nicht berücksichtigt. Dagegen steht es im Rechtschreib-»Duden«: »*ugs. für* sehr satt«.

Die Essener Jugendlichen hatten *puupsatt* rundweg abgelehnt. Bei den immerhin 465 Bearbeitern des Fragebogens kamen *pupsatt, pupssatt* und *pupensatt* zwar vor, allerdings nur je einmal. In anderen Ecken Nordrhein-Westfalens ist *puupsatt* (vielleicht müsste man auch *pupsatt* schreiben) besser bekannt, etwa in Kevelaer am linken Niederrhein. Dort machten im Jahr 2005 von 15 erwachsenen Gewährspersonen 13 ein Kreuzchen bei *puupsatt*, nur zwei bestätigten *pappsatt*. Umgekehrt kreuzten 17 von 23 Kevelaerer Jugendlichen *pappsatt* an und nur noch vier das den älteren Einwohnern vertraute Synonym. *Pappsatt* verdrängt am Niederrhein ganz offensichtlich das eher kleinräumig bekannte *puupsatt*. Die Stadt Essen (*pappsatt, pappensatt, pappesatt*) steht dabei längst auf der »richtigen« Seite.

Hickeschlick

In Bayern nennt man den Schluckauf gern *Schnackler*, in Baden-Württemberg *Gluckser*, in Ostdeutschland ist die Bezeichnung *Schlucken* (*der Schlucken*) sehr beliebt. In Essen kennt man dafür unter anderem *Hicks* und *Hickeschlick*.

Bei unseren Interviews haben wir auch nach diesen beiden Bezeichnungen gefragt. Die Jugendlichen, die bei der betreffenden Interviewserie mitgemacht haben, wurden von uns zwei Gruppen zugeteilt: einer ohne Migrationshintergrund (25) und einer Gruppe mit Migrationshintergrund (15). Bei den Antworten differenzierten wir dann zwischen a) Teil des aktiven Wortschatzes (»benutze ich selbst«), b) Teil des passiven Wortschatzes (»kenne ich, benutze ich aber nicht«) und c) unbekannt. Die Ergebnisse für *Hicks* sahen so aus (oM = ohne Migrationshintergrund; mM = mit Migrationshintergrund):

	aktiv	passiv	unbekannt
oM	6	16	3
mM	2	7	6

Acht Jugendliche ordneten *Hicks* der eigenen Alltagssprache zu, neun meinten, das Wort nie im Leben gehört zu haben, während die Mehrheit (23) zu Protokoll gab, es zwar zu kennen, aber nicht selbst zu verwenden. – Es folgen die Resultate für *Hickeschlick*:

	aktiv	passiv	unbekannt
oM	3	2	20
mM	0	3	12

Hickeschlick war demnach mehr als Dreiviertel der Jugendlichen unbekannt, und nur drei von 40 wollten nach eigenen Angaben das Wort im Alltag verwenden.

Wie viele Menschen müssen ein Wort kennen und benutzen, damit es nicht ausstirbt? Im Falle von *bötschen* und dötschen war zu sehen, wie Wörter, die nur einem verhältnismäßig kleinen Teil der Älteren vertraut sind, bei Jugendlichen wieder auftauchen können (siehe S. 76). *Otzen* oder *Otten* stehen beispielhaft für Regionalwörter, die einem Teil der Essener und Essenerinnen völlig unbekannt sind, obwohl andere sie mit großer Selbstverständlichkeit gebrauchen (siehe S. 73). Welche Zukunft haben sie? *Hicks* ist ganz sicher kein Wort, um das junge Leute sich schlagen. Viele kennen es (vielleicht von ihren Eltern oder Großeltern her), machen aber keinen Gebrauch davon: Es ist ein Wort auf dem Rückzug. Bei *Hickeschlick* liegen die Dinge wieder anders: Es ist den allermeisten Jugendlichen schon vollkommen unbekannt. Dass einige es noch verwenden, steht in keinem

Widerspruch dazu. Wörter verschwinden eben nicht auf Kommando und mit einem Schlag.

Es wurden in diesem Fall 15 Jugendliche mit ausländischen Wurzeln einbezogen. Die Vertrautheit mit den Essener Wörtern *Hicks* und *Hickeschlick* war bei ihnen weniger stark ausgeprägt als bei den übrigen Gleichaltrigen. Nach *Pellmänner* – als Bezeichnung für Bratkartoffeln – wurde bei dieser Gelegenheit ebenfalls gefragt. 20 der 25 Jugendlichen ohne Migrationshintergrund kannten das Wort nicht, da kam es nicht überraschend, dass es für 14 der 15 übrigen Gewährsleute ebenfalls ein Fremdwort war. Aus diesen Beobachtungen lässt sich eine Vermutung ableiten: Wenn in Essen Jugendliche ohne Migrationshintergrund ein Wort kaum (noch) kennen oder nicht (mehr) verwenden, tritt es bei jungen Essenern, deren Familien aus dem Ausland stammen, mit einer noch geringeren Wahrscheinlichkeit auf.

Bevor wir während der Interviews gezielt auf *Hicks* und *Hickeschlick* zu sprechen gekommen waren, hatten wir die Jugendlichen gebeten, uns doch Auskunft darüber zu geben, wie sie im Alltag den Schluckauf nennen. Der Mehrzahl (32) fiel kein anderes Wort als *Schluckauf* ein. Fünfmal wurde *Hicks* gesagt, je einmal *Hickser, Hickeschlick, Hickauf* und *Schlicks*; daneben noch *Aufschluck* und *Schlucken* (mit Mehrfachnennungen). In NRW sind *Hick* und *Schlick* sowie *Hicks* und *Schlicks* gängige Bezeichnungen für diese Form des Aufstoßens, nachzuschlagen in Jürgen Eichhoffs »Wortatlas der deutschen Umgangssprachen« (auf dessen Wortkarte *Hicks* allerdings fehlt). Die Essener Variante *Hickeschlick* ist demnach eine reine Doppelform, die sich durch das eingefügte *e* einem sehr beliebten Betonungsmuster angeschlossen hat: *Stutenkerl, Schonnebeck, Hickeschlick.*

Klümpchen

Klümpkes oder *Klümpchen* und daneben *Bömskes* – das sind die für Essen typischen Bezeichnungen für die Bonbons in der Alltagssprache. *Klümpkes/Klümpchen* ist auf der Karte an der orange Farbe zu erkennen. Orange erstreckt sich von Aachen im Westen über den Kreis Heinsberg und Düsseldorf bis nach Essen und bis ins Bergische Land im Osten. Jenseits der rheinländisch-westfälischen Grenze setzt sich das *Klümpkes*-Gebiet dann fort.

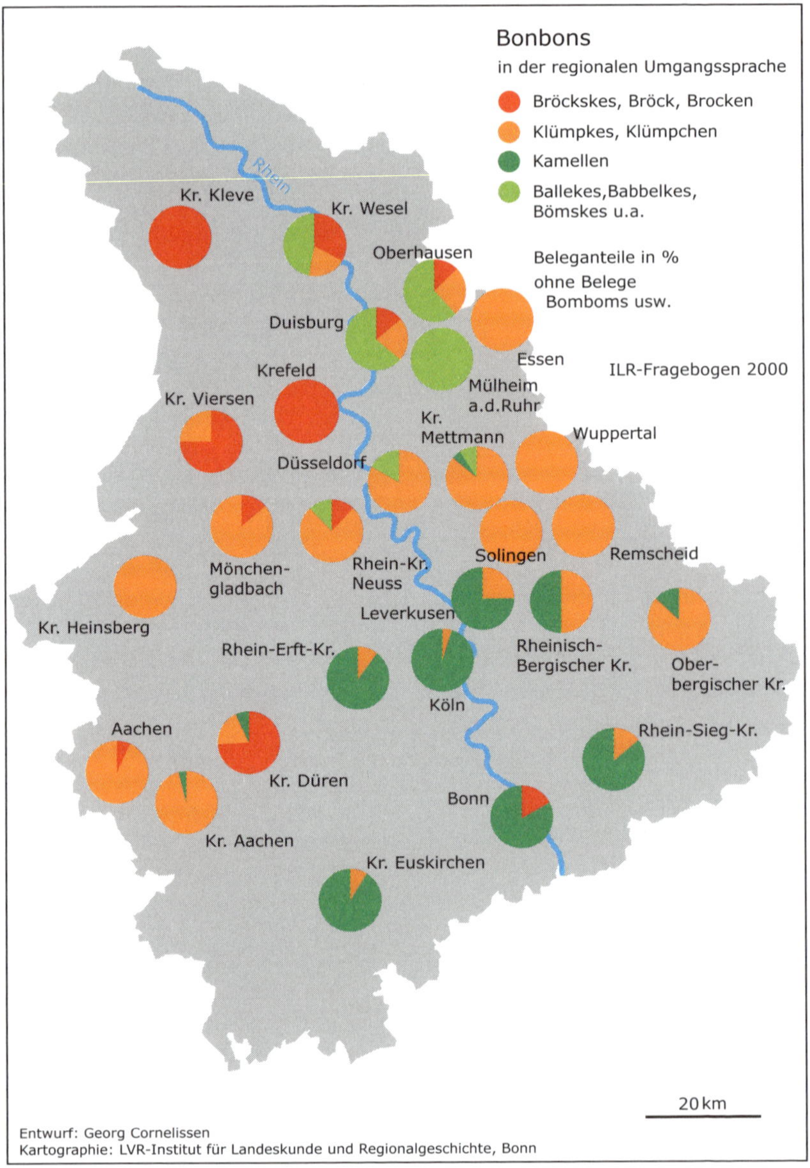

Auf der Karte ist für jede Großstadt und für jeden Kreis ein Symbol eingezeichnet, dessen Farbe(n) die jeweils gebräuchliche(n) Bezeichnung(en) anzeigen. Am unteren Niederrhein sagt man *Bröckskes*, *Bröck* oder *Bro-*

cken (rot), im Großraum Köln *Kamellen* (grün). Für Oberhausen, Duisburg, Mülheim und einige Orte in deren Umgebung ist mit *Ballekes* und *Babbelkes* und auch mit *Bömskes* zu rechnen (hellgrün). Die Karte basiert auf einer Fragebogenerhebung des Jahres 2000. Neben *Bomboms* (nicht auf der Karte berücksichtigt) wurde damals aus Essen nur *Klümpkes/Klümpchen* gemeldet, deshalb ist hier auch nur orange eingezeichnet.

Diese Klümkes musse lutschen.

Auf dem Fragebogen von 2000 hatte der Satz gestanden »Die Bröck musse lutschen!« Ein Essener, Jahrgang 1937, änderte ihn in: *Diese Klümkes musse lutschen.* Weitere Einträge des Esseners: *Hömma, hasse ma ne Maak übber. – Die sind sich grade am kloppen. – Wat hammwer denn heute fönn Tach? – Dat is abber en kleinet (kleenet) Männeken. – Dat krisse abber kaputt, wenne so weiter machs. – Tschüss, bis die Tage.*

Als 2009 der erste Essen-Fragebogen ins Netz gestellt bzw. mit der Post verschickt worden war, zeigte sich schnell, dass man hier doch nicht nur *Klümpkes/Klümpchen*, sondern auch *Bömskes* kennt. Von den 31 Essenern und Essenerinnen, die älter als 65 Jahre waren, nannten immerhin vier *Bömskes*, während fast alle (30) *Klümpkes* oder *Klümpchen* oder beide Varianten bestätigten. Je jünger die Informanten waren, desto häufiger fehlten allerdings *Klümpkes/Klümpchen* auf den Bögen. Diese Tendenz zeigt sich auch, wenn man einmal nur die Fragebögen für Borbeck nimmt. In der folgenden Tabelle sind die Antworten von 36 Borbeckern und Borbeckerinnen (im Alter von über 25 Jahren) zu finden, gegliedert nach Altersgruppen von jeweils zehn Jahrgängen. Die Spalte »Klümp.« nennt die Zahl der Personen, die zumindest eine der beiden Lautvarianten hatte (ges. = gesamt).

	ges.	Klümp.	Bömsk.
> 65 J.	3	3	1
> 55 J.	3	3	0
> 45 J.	14	9	2
> 35 J.	6	4	2
> 25 J.	10	1	2

Die Belege für *Klümpkes* bzw. *Klümpchen* nehmen erkennbar ab. In der Gruppe 26–35 Jahre gab es nur noch ein einziges Kreuzchen bei insgesamt zehn Gewährspersonen. *Bömskes* ist in Borbeck ein Synonym, auf das man bei Menschen aller Altersgruppen stoßen kann – aber es sind immer nur sehr wenige, die dieses Wort in den Mund nehmen. – Außerdem haben wir bei unseren Essener Interviews Jugendliche (16–25 Jahre alt) nach *Klümpchen* gefragt. Differenziert nach dem Familienhintergrund (ohne Migrationshintergrund: 25 – mit Migrationshintergrund: 15) ergab sich folgendes Bild:

	aktiv	passiv	unbekannt
oM	1	5	19
mM	0	4	11

Man muss die Ergebnisse wohl so lesen, dass *Klümpchen* von jungen Leuten in Essen kaum noch benutzt wird, ja, dass es den meisten schon nicht mehr bekannt ist. Vergleichbare Tendenzen lassen sich auch in anderen Regionen im Rheinland beobachten, *Bomboms* oder *Bombongs* machen das Rennen.

Zollverein – ein *Pott*?

Ein Wort, das früher einmal jedes Kind in Essen gekannt hat, ist *Pütt.* »Wenn von einem *Pütt* die Rede ist, was ist gemeint?« – das haben wir 2009 in einer der Interviewserien gefragt. Nur zehn der 40 Jugendlichen antworteten zutreffend, 23 hatten keine Ahnung, worum es ging! Drei weitere wussten immerhin, dass hier ein Bergbaubegriff gesucht wurde. Dreimal wurde *Pütt* mit *Pott* verwechselt (zweimal »Ruhrpott«, einmal »Topf«), ein Jugendlicher setzte *Pütt* mit *Prütt* gleich (»Kaffeesatz«). Keiner der zehn jungen Leute mit Migrationshintergrund wusste mit dem Wort etwas anzufangen. Die Zeche Zollverein hat 1986 die Kohleförderung eingestellt, die Zeit der Arbeit *aufem Pütt* ist in Essen lange vorbei.

Als wir die Jugendlichen nach *Bömskes* gefragt haben, sah es ganz ähnlich aus wie bei *Klümpchen.* Ein einziger Jugendlicher meinte, *Bömskes* gehöre zu seinem aktiven Wortschatz, weitere zehn wollten das Wort noch kennen (ohne es zu verwenden). Wenn man so will, halten sich die *Bömskes* in Essen – wenn auch auf extrem niedrigen Niveau.

Huckels

Hector Lembach aus Steele fand auf dem Dialektfragebogen Wörter wie Schlüssel, Stiefel oder Teufel. Auf Platt, so füllte er dann aus, heiße es *Düwel*, in der Mehrzahl *Düwels*. Auch die beiden anderen Wörter hatten ein Mehrzahl-*s*: *Schlöttel – Schlöttels, Stewel – Stewels*. Hector Lembachs Fragebogen war für eine groß angelegte Spracherhebung bestimmt, die der Belgier Pieter Willems 1885 gestartet hatte. Er wollte ein vergleichendes Werk über »fränkische« Dialekte schreiben und verschickte dazu seinen Erhebungsbogen innerhalb des flämischen Teils Belgiens, er schickte ihn in die Südhälfte der Niederlande, in die niederländischsprachigen Orte im Norden Frankreichs und in den Norden der damaligen preußischen Rheinprovinz. In der Region an der Ruhr wurde der Fragebogen ausgefüllt in Duisburg, Mülheim, Werden und eben in Steele.

Auf den Blättern 3 und 4 des unendlich langen Bogens waren insgesamt 31 Substantive zu finden, die im Dialekt auf *-el* endeten: *Appel, Bössel* (Bürste), *Düwel, Esel, Nagel, Voggel* (Vogel) usw. zwölf von ihnen hatten laut Lembach ein Mehrzahl-*s*, unter anderem: *Bössels, Lümmels, Säbels*. Dagegen notierte der Steelenser 16-mal eine Mehrzahlform auf *-n*: *Appeln, Eseln, Koggeln, Muscheln, Trummeln, Waffeln* usw. Zum mundartlichen *n*-Plural gibt es häufig, aber nicht immer Parallelen im Hochdeutschen, etwa bei: *Gaffeln/Gabeln, Koggeln/Kugeln, Muscheln, Orgeln, Trummeln/Trommeln*. Wenn ein Wort im Dialekt den *s*-Plural hat, hat das hochdeutsche Pendant kein *-n*: *Bengels* (hochdeutsche Mehrzahl *Bengel*), *Düwels* (*Teufel*), *Lümmels, Schlöttels, Speigels* (*Spiegel*), *Stewels* usw. Bei zwei der drei restlichen Dialektwörter werden *-s* und Umlaut miteinander kombiniert: *Mantel – Mäntels, Voggel – Vöggels*, einmal taucht der Umlaut ohne zusätzliche Mehrzahlendung auf: *Nagel – Näggel*. In keinem Fall waren also Ein- und Mehrzahl identisch.

Das zwischen Köttelbecke und Ruhr bekannte Wort *Huckel* gehört von seiner Lautstruktur her zu derselben Gruppe. Wir haben in den Interviews die Jugendlichen danach gefragt, sechs von 40 kannten das Wort nicht. Von den übrigen 34 meinten vier, die Mehrzahl laute *Huckels*, einer sagte *Huckeln*. Für die große Mehrheit (27) waren im Fall von *Huckel* Ein- und Mehrzahl identisch: *ein Huckel – zwei Huckel*. Bei den erwachsenen Essenern ist der Plural *Huckels* besser bekannt. Zieht man von den 154 Gewährspersonen des Fragebogens 2009-2 die acht Jugendlichen (unter 26 Jahren) ab, bleiben 146. Davon haben 48 *Huckels* geschrieben, also etwa ein Drittel, während gut zwei Drittel (100) *Huckel* als Mehrzahlform nannte; bei einer Gewährsperson fand sich *Huckeln*. Offensichtlich wird der *s*-Plural heute immer seltener gebraucht, während *Huckel* (Mehrzahl) auf dem Weg ist, zur »Normalform« zu werden.

»Ich ging mit meinen beiden Schwesters und meiner Freundin auf eine Wiese.« – »Ich holte die Schraubenschlüssels aus der Garage.« – »Wir sammelten mit einigen Nachbarns welckes Laub.«
Pluralbildungsfehler aus Deutschheften westfälischer Kinder.

Vor Jahrzehnten war die *s*-Gruppe im Essener Alltagsdeutsch vermutlich viel stärker. Damals wird man von *Schlüssels, Spiegels, Teufels* und natürlich auch von *Huckels* gesprochen haben. Wenn heute die meisten Essener zwei kleine Unebenheiten *Huckel* (und nicht *Huckels* oder *Huckeln*) nennen, dann weil sie der Grammatik des Hochdeutschen folgen. Im Hochdeutschen haben Wörter auf *-el* sehr häufig identische Einzahl- und Mehrzahlformen: *ein Drittel – zwei Drittel, ein Teufel – zwei Teufel* usw. Anzunehmen ist, dass in diesem Teilbereich der Grammatik Alltagsdeutsch und Schulsprache immer mehr Übereinstimmungen zeigen: »Standardkonvergenz« nennt die Sprachwissenschaft diesen Prozess, bei dem die regionale Sprache sich dem »Standard« (der Standardsprache, dem Hochdeutschen) annähert. Der *s*-Plural war in den Dialekten auch einmal bei Wörtern auf *-er* und *-en* üblich. Entsprechend dürfte früher im Essener Deutsch auch *zwei Meisters, zwei Lehrers* usw. zu hören gewesen sein. Und heute?

Eine besondere Gruppe von Wörtern mit *s*-Mehrzahl bilden die Verkleinerungsformen. *Wat sitten do för Vöggelkes owen op dem Müerken?* So wurde Ende des 19. Jahrhunderts in Altendorf der Satz »Was sitzen da für Vögelchen oben auf dem Mäuerchen?« in den Dialekt übersetzt; es handelt sich um einen Auszug aus dem Altendorfer Wenker-Fragebogen (siehe S. 27). In Essen schrieb der Lehrer damals *Väugelkes*, in Haarzopf *Vügelsches*. In der Einzahl lautete die Endung *-ken* (bzw. *-schen*), das *n* fiel also in der Mehrzahlform aus. Genauso ist es heute noch im Essener Alltagsdeutsch: *ein Männeken – zwei Männekes, ein Vögelken – zwei Vögelkes*.

Noch einmal zu den *Huckels*. Die sechs Jugendlichen, die mit dem Wort *Huckel* überhaupt nichts anzufangen wussten, hatten einen Migrationshintergrund. Vier weitere Gewährspersonen mit ausländischen Wurzeln zählten *Huckel* zum passiven Wortschatz, und nur 5 (von 15) sagten, das Wort auch zu verwenden. Die Ergebnisse bei den Altersgenossen ohne Migrationshintergrund sahen ganz anders aus: von 25 Jugendlichen meinten 22, *Huckel* gehöre zu den Wörtern, die sie im Alltag verwenden.

Hubbel hat dieselbe Bedeutung wie *Huckel*, scheint in Essen aber nur selten vorzukommen. Zu beiden Varianten gibt es Adjektive: *huckelig*, *hubbelig*.

Wer einmal gezielt darauf achten wollte, wie oft auf Essener Straßen oder in Essener Wohnzimmern von einem *Jüngsken* die Rede ist, müsste sich vielleicht auf eine längere Lauschaktion einstellen. Zumindest dann, wenn er vor allem mit jungen Leuten Kontakt hat. *Jüngsken* ist eine alte Dialektform, bei der die gewöhnliche Endung *-ken* um ein *s* erweitert wird. Bei Grundwörtern, die auf *-ng*, *-g*, *-k* oder *-ch* enden, war das die dialektale Bildungsweise. Entsprechend wären im Essener Alltagsdeutsch zu erwarten: *Jüngsken*, *Säcksken* oder *Büchsken*. Ob sie selbst die Form *Jüngsken* benutzen, wurde auf dem Fragebogen 2009–1 gefragt. Es folgen die Ergebnisse für den Essener Süden (in seinen hier gewählten Grenzen, siehe S. 63). Neben *Jüngsken* waren noch *Jüngken* (das keine große Rolle spielte), *Jüngchen* und *Jüngelchen* auf dem Fragebogen angeboten worden. Die letzte Spalte der Tabelle enthält die Antworten für *Jüngelchen*:

	ges.	-sken	-gelchen
> 65 J.	6	6	0
> 55 J.	5	4	1
> 45 J.	10	5	4
> 35 J.	10	4	3
> 25 J.	10	3	2
> 15 J.	5	1	1

Bei den Essenern und Essenerinnen im Alter von über 55 Jahren bestätigten also fast alle *Jüngsken*. Mit abnehmendem Lebensalter werden die Kreuzchen aber deutlich seltener, so dass sich auch diesmal wieder ein Prozess andeutet, der wegen des Schwindens regionaler Varianten zu einer größeren Uniformität in der Essener Grammatik führen dürfte. *Jüngsken ade! Scheiden tut weh!*

Bubi, Dötzken, Rotzigen

Auf die Frage nach dem *Jüngsken* gab es auf dem Fragebogen 2009-1 eine Menge Ergänzungen. Hier eine Auswahl: *Bengel, Bubi* (oft), *Bürschken/Bürschchen, Dopp, Dötz, Dötzken, Furzknoten, kleinen Jungen, Kiki, Kleener, Knirps* (oft), *Köttel* (oft), *Lütten, Pimpf, Rotzigen, Stöppken/Stöppchen, Stöpsel, kleiner Stropp* und *Ströppken.* Ob es stets Synonyme sind? Sinnverwandt sind diese Bezeichnungen für kleine (süße?, freche?) Jungs aber bestimmt.

Pinneken

Köpper, Kusselkopp und *Blagen* – ein Teil des Essener Wortschatzes ist stabil und auch für die jungen Leute heute noch eine Selbstverständlichkeit, *Köpper, Kusselkopp* und *Blagen* gehören dazu. So haben wir 40 junge Leute gefragt: »Was ist ein *Köpper*?« Mit nur einer einzigen Ausnahme konnten alle eine zutreffende Antwort geben. Einen Unterschied zwischen den Auskünften der Jugendlichen ohne bzw. mit Migrationshintergrund (30–10 Gewährsleute) ließ sich kaum feststellen.

Bei demselben Interview wollten wir wissen, was die jungen Essenerinnen und Essener zum Purzelbaum sagen. 19 bzw. sechs von ihnen (ohne bzw. mit Migrationshintergrund) nannten spontan *Kusselkopp* oder *Kusselkopf.* Als wir dann nachfragten und gezielt die Bezeichnung *Kusselkopp* ins Spiel brachten, blieben nur vier Jugendliche übrig, die, wie sie meinten, dieses Wort (bzw. die Variante *Kusselkopf*) nicht verwendeten oder gar nicht kannten. Drei von ihnen hatten ausländische Wurzeln. Auf die Frage, was denn *Blagen* seien, wussten alle 40 dazu Interviewten eine Antwort (siehe S. 32). Wir hakten nach und erkundigten uns nach der Verwendung des Wortes. Da sagten zehn der 40 Jugendlichen, *Blagen* gehöre bei ihnen allerdings nur zum passiven Wortschatz. Sie verteilten sich in gleicher Weise auf beide Gruppen (7 von 30 bzw. 3 von 10).

An der flächendeckenden Fragebogenaktion des Jahres 2002 hatten sich in Essen insgesamt 51 junge Leute (zwischen 16 und 24 Jahre) beteiligt. Unter Punkt 10 des Fragebogens ging es um Bezeichnungen für das Schnapsglas, vorgegeben waren *Pinneken* und »andere: …«. Der größte Teil der Essener Jugendlichen kreuzte *Pinneken* an: 41. Differenziert man wieder nach dem Kriterium des Migrationshintergrundes, ergeben sich Gruppen von 40 (ohne) bzw. 11 Probanden (mit). Bestätigt wurde *Pinne-*

ken dann von 85 Prozent bzw. von 64 Prozent der Befragten (ohne bzw. mit Migrationshintergrund).

Kusselkopp und *Kusselköpper*

Einer der Jugendlichen meinte, als Mehrzahlform *Kusselköpper* zu verwenden, also: *der Kusselkopp – die Kusselköpper.* Kann ja sein. Von den 465 Essenern und Essenerinnen, die sich an der Fragebogenaktion 2009-1 beteiligt haben, ergänzten vier den *Kusselköpper* als Variante von *Kusselkopp*: *der Kusselköpper.* Einmal wurde auch *Kieselköpper* geschrieben. Bei *Kusselköpper* (Einzahl) muss man wohl von einer Mischform von *Kussel(-kopp)* und *Köpper* ausgehen. Wichtig wäre nur, dass man beim *Kusselköpper* die Arme in anderer Weise einsetzt als beim *Köpper.* Sonst wird der *Kusselköpper* zu einem Fall für die Chirurgie.

Wer wissen will, wie die Jugend spricht, hat die Wahl zwischen verschiedenen Methoden. Enorm zeitaufwendig ist der Mitschnitt realer Sprache. Dabei könnte etwa ein Jugendlicher ein Mikrofon platzieren, wenn er mit seinen Freunden oder Freundinnen abhängt. Für Fragen zum Wortschatz eignet sich diese Methode allerdings nur sehr eingeschränkt, da es unter Umständen Monate dauern wird, bevor einer der Gesprächsteilnehmer das Wort *Köpper* (oder *Kopfsprung*) in den Mund nimmt. Fragebogenaktionen haben den Nachteil, dass hier Menschen über den eigenen Sprachgebrauch oder das Sprachverhalten anderer Auskunft geben und die Forscher nie ganz sicher sein können, wie genau sich Sprachwirklichkeit und Sprachauskünfte decken.

Das große Plus bei Fragebogenerhebungen oder Interviewserien liegt in den Datenmengen, die sich so in recht kurzer Zeit gewinnen lassen. Denn je mehr Menschen befragt werden können, umso mehr Facetten der Sprachwirklichkeit werden sichtbar. *Dat is in Essen nich anders als woanders.* Der Vergleich zwischen den Antworten verschiedener Generationen erlaubt Rückschlüsse auf Sprachwandelvorgänge. Und wenn fast alle befragten Jugendlichen ein Wort kennen oder von diesem Wort sagen, es im Alltag auch zu benutzen, dann darf man das für bare Münze nehmen. Veräppeln kommt zwar vor, ist aber nicht die Regel.

knibbeln

Die mit den Fingern ausgeführte Tätigkeit, die in Essen als *knibbeln* bekannt ist, wird im Kölner Raum gern *piddeln* genannt, entlang der niederländischen Grenze oft auch *bötteln*. In die erste der beiden Karten wurde für jede Großstadt und für jeden Kreis das jeweils dominierende (oder allein übliche) Synonym eingetragen, die vielleicht an zweiter oder dritter Stelle genannten Wörter aber weggelassen; in Aachen kennt man etwa neben *knibbeln* (eingezeichnet) auch die beiden konkurrierenden Wörter. Das sprachgeographische Muster ist auf dieser Karte wegen der Reduktion der Varianten besonders klar zu erkennen, im Rest von Nordrhein-Westfalen dürfte *knibbeln* das beherrschende Wort sein. Die Bedeutung von *knibbeln* ist »mit den Fingernägeln kratzend bearbeiten«. Oft zu hören ist auch *abknibbeln*: *Knibbel doch ma dat Etikett ab, die Flasche kannze noch gut brauchen!*

Als im Jahr 2002 das Material für die Karte »knibbeln/piddeln« gesammelt wurde, konnten in insgesamt acht der Großstädte bzw. Kreise, darunter auch in Essen, größere Gruppen von Jugendlichen befragt werden. Von 51 jungen Essenern und Essenerinnen machten damals 45 ein Kreuzchen bei *knibbeln*, das entspricht etwa 88 Prozent. Der zweiten Karte sind die prozentualen Ergebnisse für die Jugendlichen zu entnehmen. Dort, wo die Säulen vollständig gefüllt sind, haben 100 Prozent der Befragten das jeweilige Wort (bzw. die jeweiligen Synonyme) bestätigt; das war immerhin viermal der Fall. Essen mit seinen doch noch beeindruckenden 88 Prozent belegte dabei den achten Platz.

Im Vergleich zu regionalsprachlichen Wörtern wie *Hicks, Hickeschlick, Bütterken* oder *Klümpken* schneidet ein Wort wie *knibbeln* bei Essener Jugendlichen also noch sehr gut ab. Wie kann das? Und warum haben die anderen Wörter schlechtere Karten?

Bei *knibbeln* handelt es sich um ein Wort, dem im Hochdeutschen eine Entsprechung fehlt. Hier gibt es eine echte »Wortschatzlücke«. *Kratzen* und *knibbeln* sind zwar sinnverwandte Wörter, bedeutungsgleich sind sie nicht. Während ein *Kratzer* etwa auf eine einmalige Handlung zurückgehen kann, ist bei *knibbeln* immer die Dauer bzw. Wiederholung mit im Spiel. Das gilt übrigens ganz genauso für *piddeln* und *bötteln*: das *-eln* in allen drei Wörter unterstreicht dieses Wiederholen. Wer *werkelt*, ist nach zehn Sekunden noch nicht fertig, und wer *nörgeln* will, muss sich dafür Zeit nehmen.

Der hatt mich gedöppt!

Auch *döppen* ist ein Wort, das bei jungen Leuten gut bekannt ist. Hier schwächelt das Hochdeutsche: »untertauchen« (jemanden untertauchen) wirkt doch eher wie ein Verlegenheitswort, während für Essener Ohren *döppen* passgenau das Gemeinte zum Ausdruck bringt.

Knibbeln ist ein altes Dialektwort. Wie sich gezeigt hat, haben im Dialekt verankerte Wörter dann besonders gute Chancen auf ein »Weiterleben nach dem Tod«, also auf eine Übernahme ins Alltagsdeutsch, wenn sie großräumig bekannt sind (siehe S. 35). *Knibbeln* gehört zu diesen weit und breit verwurzelten Regionalismen, und die zweite Karte belegt dann auch die große Bekanntheit dieses Wortes bei Jugendlichen im Westen Deutschlands. Karten für *Blagen* oder *Pinneken*, für *pappsatt* oder *döppen* zeigten vermutlich ähnliche Bilder.

Die *knibbeln/piddeln*-Karte unterstreicht zugleich, dass Sprachentwicklungen in größere Zusammenhänge eingebettet sind. Ob die Jugendlichen in Essen noch *knibbeln* sagen, hängt auch davon ab, wie stark *knibbeln* in Bochum oder Krefeld ist – und umgekehrt natürlich. Essen ist Teil einer Sprachregion. Lokale Einzelgänge, wie sie zur Zeit der Dialekte und der damit verknüpften kleinteiligen Kommunikationsstrukturen problemlos möglich waren, sind selten geworden.

Wird in Essen auch *gepiddelt*?

Von den 15 erwachsenen Essenern und Essenerinnen, die 2002 einen Fragebogen ausgefüllt haben, machten zwei ihr Kreuzchen bei *piddeln*, einer davon zugleich auch bei *knibbeln. Ja issset denn möchlich?*

Unter den 51 Jugendlichen, die befragt wurden, hatten elf einen Migrationshintergrund; acht von ihnen bestätigten *knibbeln*, umgerechnet wären das 73 Prozent. Bei den übrigen 40 jungen Leute bekam *knibbeln* 37-mal sein Kreuzchen, das sind 93 Prozent. Natürlich ist eine Gruppe von elf Personen sehr klein, so dass sich aus deren Antwortverhalten nur mit großer Zurückhaltung Schlüsse für die Kommunikation auf Essener Straßen und Spielplätzen ziehen lassen. Bei den drei Interviewserien des Jahres 2009 wurden insgesamt 35 Jugendliche mit ausländischen Wurzeln

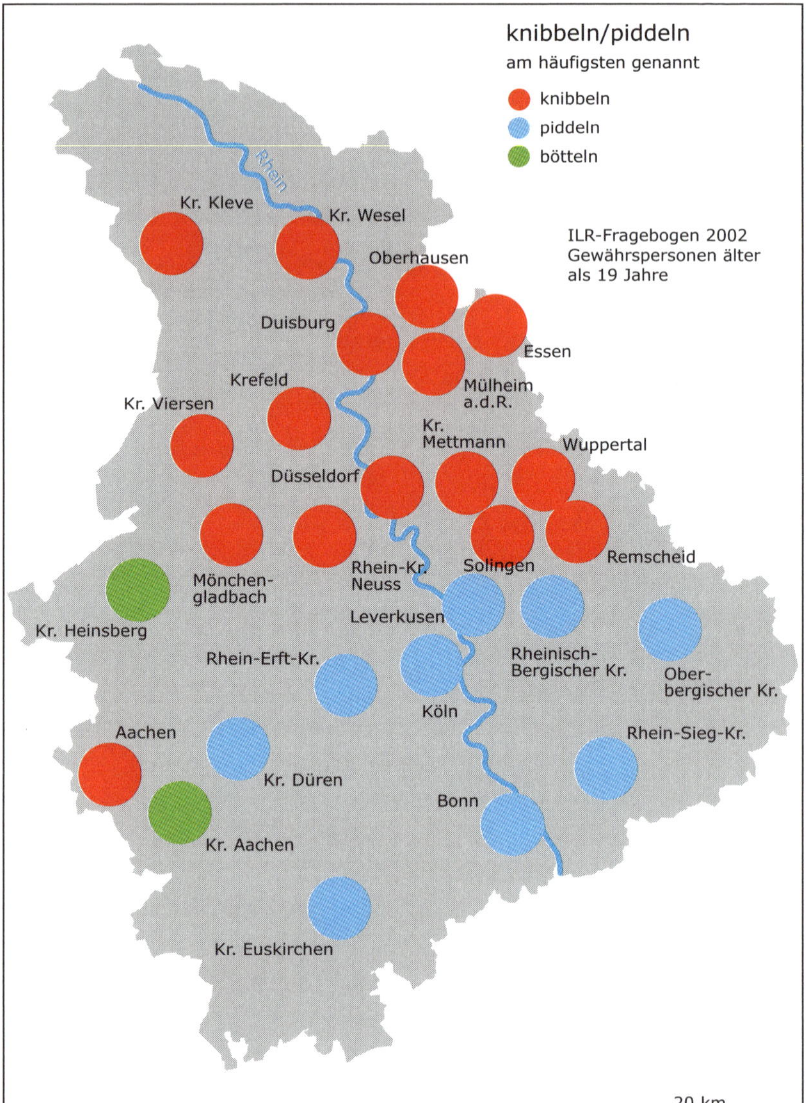

Entwurf: Georg Cornelissen
Kartographie: LVR-Institut für Landeskunde und Regionalgeschichte, Bonn

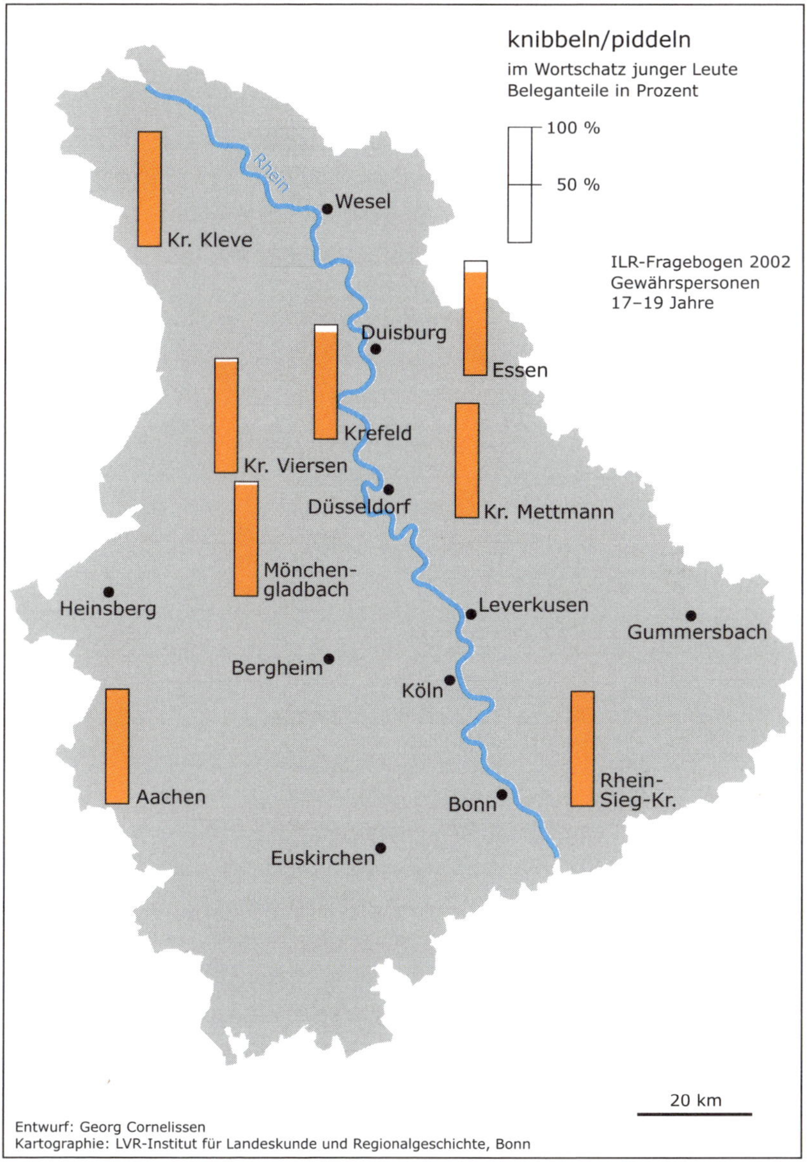
knibbeln/piddeln
im Wortschatz junger Leute
Beleganteile in Prozent
100 %
50 %
ILR-Fragebogen 2002
Gewährspersonen
17–19 Jahre
Rhein
Wesel
Kr. Kleve
Duisburg
Essen
Krefeld
Kr. Viersen
Düsseldorf
Kr. Mettmann
Mönchen-
gladbach
Heinsberg
Leverkusen
Gummersbach
Bergheim
Köln
Aachen
Bonn
Rhein-
Sieg-Kr.
Euskirchen
20 km
Entwurf: Georg Cornelissen
Kartographie: LVR-Institut für Landeskunde und Regionalgeschichte, Bonn

befragt – auch dies sind noch keine statistisch belastbaren Größenordnungen.

Was sich bei aller gebotenen Vorsicht aber vielleicht doch über Wortschatz und Wortwahl von Jugendlichen mit Migrationshintergrund sagen lässt: Wenn sie »gute« Ergebnisse erzielten, also die infrage stehenden regionalen Wörter kannten und – nach eigenen Angaben – verwendeten, dann waren auch die Altersgenossen mit einheimischen Eltern mit diesen Wörtern vertraut. Vor Jahren war im Rheinland immer mal wieder zu hören, dass türkischstämmige Kinder in Köln besser Kölsch sprächen als Gleichaltrige mit kölnischen Eltern. Da war wahrscheinlich nichts dran, aber es wurde gern erzählt. Auf eine damit vergleichbare Situation deutet in Essen nichts hin.

Es gibt viele Belege dafür, dass Essener Jugendliche mit Migrationshintergund ganz anders sprechen als ihre Vettern und Kusinen in Köln oder Berlin. Wer in Essen lebt, benutzt Wörter wie *knibbeln* und *döppen*, kennt die Bedeutung von *Blagen* und weiß, was ein *Pinneken* ist. Wer an den Rhein oder an die Spree umzieht, muss sich sprachlich neu orientieren. Das geht anderen Essenern auch so.

Den Jugendlichen, deren Eltern und Großeltern immer schon an Köttelbecke oder Ruhr gelebt haben, scheinen mehr regionale Varianten zur Verfügung zu stehen als jungen Leuten mit ausländischen Wurzeln. Das kann, wenn man unterschiedliche Familiensprachen in Rechnung stellt, nicht überraschen. Wörter und Wendungen, die bei jungen Essenern (ohne Migrationshintergrund) kaum noch zu hören sind, können sich die anderen Jugendlichen, deren Eltern vielleicht Türkisch oder Griechisch sprechen, auch nur noch schwer aneignen. Wozu auch? Mit *Ötsch* und *Bütterken* kann man bei Zwanzigjährigen nicht mehr punkten.

dissen

»Welche Bedeutung hat *dissen*?« Das wollten wir von 40 Jugendlichen wissen, deren Antworten dann »jemanden verbal fertig machen«, »sich gegenseitig beleidigen«, »jemanden runtermachen« , »(verbal) mobben« und ähnlich lauteten. Alle ohne Ausnahme kannten *dissen*, wenn dessen Bedeutung vielleicht auch manchmal nur vage oder annäherungsweise beschrieben werden konnte. Die Frage, ob sie das Wort denn selbst benutzen, wurde von den meisten (29) bejaht. Die elf Nein-Antworten gaben

Personen ohne und mit Migrationshintergrund (acht von 30; drei von zehn).

Wahrscheinlich kennen (fast) überall in NRW (fast) alle jungen Leute *dissen*. Und ebenso wahrscheinlich ist es, dass dieses Wort vielen Älteren überhaupt nichts sagt – obwohl es inzwischen doch schon in deutschen Wörterbüchern angekommen ist. Im aktuellen Rechtschreib-»Duden« etwa ist nachzulesen, *dissen* bedeute »verächtlich machen, schmähen« und sei dem »*Rapperjargon*« zu verdanken. Im »Pons. Wörterbuch der Jugendsprache« aus dem Jahr 2002 ist als Verwendungsbeispiel zu finden: »Peace, Alter! Ich wollte dich nicht dissen!« Im Essener Deutsch würde dem *nicht* vielleicht das *t* fehlen.

Im Wortschatz einer Stadt gibt es ein ständiges Kommen und Gehen. Zu den in den letzten Jahren hinzugekommenen Elemeten gehören neben *chillen* oder *dissen* viele andere »jugendsprachliche« Wörter. Kann sein, dass sie wieder verschwinden wie einstmals *knorke* oder *bärenstark*, kann sein, dass sie Wurzeln schlagen. Für *dissen* zeichnen sich gute Voraussetzungen ab: Alle (jungen Leute) kennen es.

Anne Emscher isset cool!

Der Rechtschreib-»Duden« unterscheidet zwischen umgangssprachlich und jugendsprachlich. Das Verb *chillen*, das ja nun schon seit vielen Jahren angesagt ist, wird als *ugs.* eingestuft. Beim Stichwort *cool* wird dagegen unterschieden: Umgangssprachlich (*ugs.*) bedeute es »ruhig, überlegen, kaltschnäuzig«, in der Jugendsprache (*Jugendspr.*) aber »hervorragend«. In den alten Dialekten an Köttelbecke und Ruhr hieß *cool* vor langer Zeit einmal »kühl«, auch wenn man es damals vermutlich *kuhl* und nicht *cool* geschrieben hätte.

Gehört *dissen* denn nun zum Essener Deutsch? Sicherlich nicht in der Weise von *kloppen* oder *knibbeln*, alten Wörtern, die seit Jahrhunderten in Essen von Generation zu Generation weitergegeben werden. *Dissen* oder *chillen* sind englische (amerikanische) Lehnwörter, die junge Leute in Deutschland gebrauchen, ohne dass sie ihren Eltern bekannt wären (oder gerade, weil sie ihren Eltern nicht geläufig sind). Dass sich solche Wörter auf die Dauer dann aber doch nicht verheimlichen lassen und sogar Eingang in Wörterbücher finden, steht wieder auf einem anderen Blatt. *Kloppen* und *knibbeln* sind Regionalismen, *chillen* und *dissen* Internationalismen. Wer jetzt meint, *dissen* sei damit für ein Buch über das Essener Deutsch disqualifiziert, möge bedenken, dass auch Wörter wie *malochen* oder *Kokolores* einmal Wanderwörter waren, die ihren Weg nach Essen, Köln oder Münster gefunden haben, um hier dann eingebürgert zu werden. Im Jahr 2010 können wir jedenfalls konstatieren: Junge Essener und Essenerinnen, ganz gleich welche Herkunft sie haben oder welche Sprache bei ihnen zuhause gesprochen wird, kennen dieses *dissen*, und die meisten verwenden es auch im Alltag. *Ma kucken ...*

hasse

Willze mich dissen, odder wat? Hier handelt es sich um die Essener Übersetzung des Satzes »Willst du mich dissen, oder was?« Der ist so zu finden in »Hä?? Jugendsprache unplugged 2009«. In dieser Wortsammlung werden die vorkommenden Satzbeispiele in einem schriftsprachlichen Outfit präsentiert, statt geschriebenem »willst du« wäre in der gesprochenen Sprache in aller Regel etwas anderes zu erwarten: zum Beispiel *willstu, willscht* (*willscht mich dissen?*), *willste* oder *willze*.

Wenn in Essen die Varianten *hasse, kannze, machse, tuse* oder *willze* zu hören sind, ist das den früheren Dialekten zu verdanken, die auch schon diese ultrakurzen, mit Hilfe eines unbetonten *ə* gebildeten Varianten kannten (siehe S. 39). Weiter südlich hatten die Dialekte Kurzformen auf *tə*, die dann auch Eingang in die regionale Umgangssprache gefunden haben (*haste, kannste, machste, tuste, willste*). Das Thema der Karte ist die geographische Verbreitung von *hasse* (und, wie man ergänzen könnte, von *haste*). Je mehr grün ein Kuchendiagramm zeigt, desto häufiger ist in dem jeweiligen Ort *hasse* zu hören. Die Karte basiert auf der Fragebogenumfrage des Jahres 2005, in Essen hatten damals alle Gewährsleute *hasse* (oder *hasse* + *haste*) angekreuzt, in Köln (weiß) niemand, dort kennt man *haste*. Für die Karte wurden ausschließlich Menschen über 64 Jahre berücksichtigt.

Willze Pommes?

»Die frittierten Kartoffelstreifen, die man zur Currywurst isst« – so haben wir nach den Pommes Frites gefragt. 39 der 40 Jugendlichen nannten sie *Pommes* (in deutscher Aussprache), elfmal wurde *Fritten* gesagt, fünfmal *Pommes Frites*

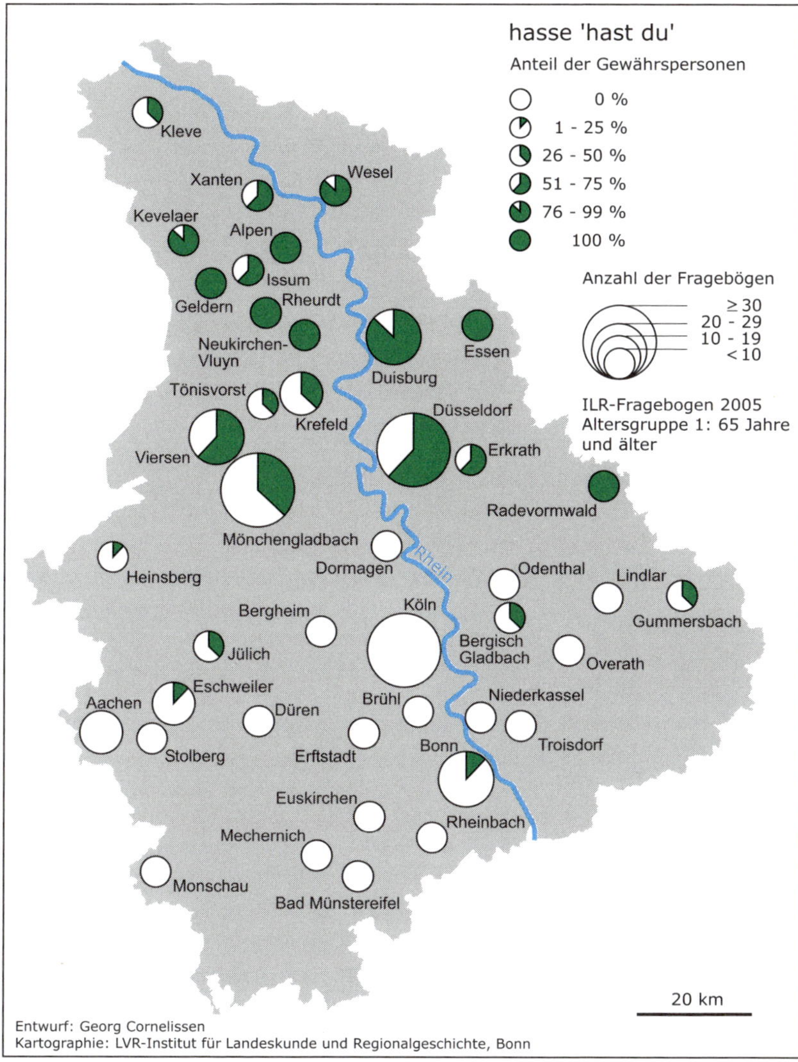

(mit Mehrfachnennungen). Essen liegt in einem Gebiet, in dem die *Pommes* das Rennen gemacht haben, aber man kennt hier auch die Alternative *Fritten*, die im Rheinland besonders beliebt ist. Die Bonner Variante von *Willze Pommes?* lautet also: *Willste Fritten?*

»›Gehst du mit‹ kann klingen wie *Gehste mit* oder *Gehße mit.*« Welche der beiden Formen sie denn verwenden, wollten wir von 40 Jugendlichen wissen. 22 meinten, *gehße* zu gebrauchen, sieben sagten »beides« und sechs *gehste.* Vier der Befragten glaubten, immer die volle Form zu benutzen (»gehst du« = *gehstu* oder *gehsdu*). Der letzte schließlich war der Ansicht, diese Frage laute bei ihm *Kommste mit?* Von den zehn Jugendlichen mit ausländischen Wurzeln wurde *gehße* siebenmal bestätigt. *Kannze ma sehn.*

inne

»Verschmelzung« nennt die »Duden«-Grammatik den Prozess, bei dem aus eigentlich selbstständigen Wörtern Moleküle neuer Einheiten entstehen: *anne* (*Post*), *aufem* (*Pütt*), *hasse, hamwer* usw. Wenn gesprochen wird, wird viel öfter verschmolzen als in der Schriftsprache, die stark normiert ist und vieles nicht zulässt. Wenn ein Kind etwa in einer Deutscharbeit schriebe *Fürn Opa hatten wir nur ein kleines Geschenk* – was würde die Fachlehrerin dann wohl sagen?

»Besonders in der gesprochenen Sprache kommt es zu vielen weiteren Verschmelzungsformen. Je nach Region, Stilebene und Situation variieren die Vielfalt, die Frequenz und die Akzeptanz solcher Verschmelzungsformen« so die »Duden«-Grammatik. Als typisch für das Essener Deutsch werden verschmolzene Einheiten wie *anne* oder *inne* empfunden, wie bei *hasse* oder *gehße* wirken hier die alten Dialekte nach (siehe S. 39). Man kann *inne Kirche gehn* oder *inne Kirche stehn*; schriftsprachlich hieße es also in dem einen Fall *in die Kirche*, im anderen *in der Kirche*, der erste Fall wäre der Akkusativ, der zweite der Dativ. *Inne Schule wirtat so gelernt.*

Ob sie *inne Schule* sagen, wenn »in die Schule« gemeint sei, wollten wir auch bei unseren Interviews wissen. 32 von 40 Jugendlichen bejahten die Frage, das entspricht 80 Prozent. Dabei war die Verteilung bei Personen ohne und mit Migrationshintergrund gleich. Vier Jahre vorher (2005) war auf dem Fragebogen nach *inne Kirche* (in die Kirche) gefragt worden. Zehn von 13 jungen Leuten bestätigten die Form, der prozentuale Anteil (77 Prozent) entsprach also in etwa den Auskünften der im Jahr 2009 Interviewten.

Um einen anderen Fall, den Dativ nämlich, ging es auf dem Fragebogen von 2002, wo der Satzanfang *Der war nich …* vorgegeben wurde. Den Bearbeitern boten sich als Ergänzungsmöglichkeiten an: *inne Kir-*

che – inner Kirche – in de Kirche und »anders: …«. Die Mehrzahl der in Essen befragten Jugendlichen machte entweder bei *inne Kirche* oder bei *inner Kirche* oder bei beiden Varianten ein Kreuzchen (77 Prozent der Probanden ohne und 64 Prozent der Probanden mit Migrationshintergrund). Von den jungen Leuten, beide Gruppen jetzt zusammengefasst, wurde *inner Kirche* doppelt so oft angekreuzt wie die Variante *inne Kirche* (36–18). Die Essener und Essenerinnen im Alter von 40 Jahren oder älter verteilten ihre Zustimmung mit umgekehrter Gewichtung: *inner Kirche* (6) – *inne Kirche* (10). Setzt man einmal voraus, dass *inne* die alte Dialektform ist und *inner* mit seinem anhängenden *-r* hochdeutsches *in der* spiegelt, wird hier wohl wieder eine Entwicklung fassbar, die man als »Standardkonvergenz« beschreiben könnte (siehe S. 98).

aufe Kirmes

Wir wollten von den Jugendlichen ebenfalls wissen, ob sie *Ich geh auf de Kirmes/aufe Kirmes/nach de Kirmes/nache Kirmes* sagen. Elf der Befragten meinten, bei ihnen heiße das *zur Kirmes*. Die Variante *aufe Kirmes* wurde von 20 der 40 Interviewten genannt. Mit den Alternativen *nach de* und *nache Kirmes* konnte sich übrigens niemand anfreunden. Die weiteren Antworten: *auf de Kirmes* (3), *auf die Kirmes* (7), *auf den Rummel* (1) und *auf Kirmes* (1) (mit Mehrfachnennungen).

Steck ma den Hunni inne Tasche! Liest man so einen Satz, fällt einem vieles auf, was im Hochdeutschen (in dessen schriftsprachlicher Existenzform!) nicht vorkommt. Aber es ist ja auch eine Äußerung, die nur in der Sprechsprache ihren Platz hat. *Steck ma den Hunni innne Tasche!* – an dieser Aufforderung wird in Essen so leicht niemand etwas auszusetzen haben, ganz anders als bei der Lippens-Entgegnung *Ich danke Sie!* (siehe S. 41). Wer heute *mir* und *mich* verwechselt, wird in der Regel die Lacher nicht auf seiner Seite haben, sondern im Gegenteil selbst belächelt werden: »Der kann ja nicht richtig Deutsch!« *Ich geb dich dat Buch, ich hab mich en Auto gekauft, ich danke Sie* – das wird in den Ohren der meisten Einwohner Essens »falsch« klingen. Dagegen wird sich heute kaum jemand über einen Satz wie *Ich habb mich beömmelt* lustig machen – es steckt ja kein »Fehler« drin!

In einer Zeit, in der alle (bis auf die Sprachlerner) mit dem Hochdeutschen vertraut sind, fallen Frontalzusammenstöße mit dessen Grammatik krass auf. »Falsches Deutsch« ist eine gängige Etikettierung dafür. Wenn nun die Essener, wie zu vermuten ist, »Grammatikfehler« immer seltener hören lassen, bleiben ihnen aber trotzdem noch unendlich viele Optionen, um sich mit ihrem Essener Deutsch von der deutschen Einheitssprache abzusetzen. Da ist der Wortschatz: *Köttelbecke, Pittermesser, pappsatt, knibbeln, döppen* usw. Da sind die schwachen Formen (oder Verschmelzungen): *inne Kirche, aufe Straße, hasse, kannze* usw. Prägnant sind auch die ehedem im Dialekt beheimateten Verkleinerungsformen (*bissken, Bierken, Männeken, Sträßken* usw.) und nicht zuletzt die Leitwörter *dat* und *wat* (siehe unten).

Der Mann mittie Pläte

Auf dem Fragebogen des Jahres 2000, der in den Regierungsbezirken Düsseldorf und Köln verschickt worden war, bestand für die Gewährsleute die Möglichkeit, das vorgegebene *mitte Pläte* zu ersetzen. Statt *mitte Pläte* tauchte dann oft *mit die Pläte* oder *mittie Pläte* auf, vor allem auf den Fragebögen aus dem Raum Krefeld-Neuss-Heinsberg-Aachen. Dort wird noch viel Platt gesprochen und dort fallen im Dialekt der dritte und vierte Fall (Dativ – Akkusativ) zusammen. Der heute noch lebendige Dialekt prägt in dieser Region das Alltagsdeutsch so stark, dass man Sätze wie *Der Mann mittie Pläte is mein Vater* zu hören bekommt. Dagegen meldete in Essen oder Oberhausen keine Gewährsperson diese auffällige Variante: Zwischen Köttelbecke und Ruhr, wo die dialektale Basis seit langem weggebrochen ist, *macht »Mittie« en Abgang.*

Die Attraktivität einer Sprache

Die beiden Wörtchen, die in Essen vielleicht am meisten Aufmerksamkeit verdienen, sind *dat* und *wat*. Sie sind den alten Dialekten zu verdanken (siehe S. 28) und haben sich bis heute gehalten, obwohl es für die Essener und Essenerinnen doch eine leichte Übung gewesen wäre, sie gegen *das* und *was* einzutauschen. Artikulatorisch – also vom Sprechaufwand her – ist keiner der Lautvarianten der Vorzug zu geben. Bleibt nur die Schlussfolgerung: In Essen **will** man *dat* und *wat* sagen!

Als die Jugendlichen im Rahmen der zweiten Interviewserie gefragt wurden, ob sie diese Wörtchen benutzen, wiesen dies drei von 40 von sich. Zwei andere meinten, *dat* und *wat* nur in Scherzen einzusetzen oder dann, wenn etwas »ins Lächerliche gezogen« werden soll. Blieben 35, für die *dat* und *wat* zum Sprachalltag gehören; das wären etwa 88 Prozent. Die Antworten unterschieden sich nicht, wenn man die – einheimische oder ausländische – Herkunft der Familien berücksichtigt.

Am Ende des ersten Interviews wurde von uns die Bitte geäußert, uns Wörter und Ausdrücke zu nennen, die »typisch für Essen« seien. Am häufigsten fielen den 40 befragten jungen Leuten *dat* und *wat* ein (12-mal bzw. 13-mal). *Pommes rot-weiß* war dreimal zu hören, *en Pott Kaffee* einmal. *Hömma! Machma! Wat sachse?* ebenfalls je einmal. Es wurden Verben genannt wie *knacken gehen* oder *beömmeln*, Substantive wie *Bude, Knifte, Ruhrpott* oder *Stutenkerl* (stets einmal), aber auch Wörter aus anderen Sprachen. Unangefochtene Spitzenreiter aber waren *dat & wat*.

ne

Eine aus Altenessen stammende Erzieherin, die in einer Offenen Ganztagsschule (OGS) beschäftigt ist, erzählte mir, dass die von ihr betreuten Grundschulkinder ganz selbstverständlich *dat* und *wat* verwenden. Ihr war auch das Wörtchen *ne* aufgefallen, dem in der Schriftsprache *nicht wahr* entspricht. Das wäre mal ein schönes Thema für eine studentische Abschlussarbeit: In einer Essener OGS die Verwendung dieser (und anderer) Elemente der Alltagssprache zu ermitteln und das Ergebnis auf Sprachintentionen hin zu untersuchen. Wie sprechen die Kinder tatsächlich? Und warum?

Das Essener Deutsch ist eine »Nähesprache«. An dieser Sprache können andere erkennen, woher ich stamme – mit dieser Sprache kann ich signalisieren, ich bin einer von hier. In dieser Sprache bin ich, wenn sie mich denn berührt, zuhause. Identifikation und Identität – das sind die Leistungen der Essener Alltagssprache, wenn man sie einmal dem Schulhochdeutsch gegenüberstellt. Letzteres, wenn ein Essener es in Essen spricht, hat ganz andere Funktionen. Wer zum Ausdruck bringen will, dass er »einer von uns« ist, hat es mit den Wörtchen *dat* und *wat* besonders leicht. Sie fallen auf und wirken sofort.

Standarddeutsch

Die Standardsprache (»Standardvarietät«) »dient als intersubjektive Verkehrssprache und findet ihre häufigste Anwendung im Rahmen gesellschaftlicher Institutionen, sowie in allen formalen Kontexten, die Sanktionen befürchten lassen, wenn sie nicht korrekt benutzt wird. Der Standard wird in den Schulen gelehrt, sein Gebrauch verschafft in der Regel Prestige und begünstigt den Erwerb sozialer Privilegien«. *Essener Deutsch is dat Gegenteil davon.*

Klaus Birkenhauer warnt in seinem »Ruhrgebietsdeutsch in dreißig Regeln« die Zuziehenden: »Riskieren Sie nie, sich im Ruhrgebiet mit irgendeiner Form von Primitiv-Deutsch, einer Art ‚Babysprache', ‚Gastarbeiterdeutsch' oder irgendeinem anderen Gestammel, anzubiedern. Wir wissen alle, wie unsere Ausdrucksweise auf Hochdeutsch klingen müsste.« Einheimische können sich darüber freuen, wenn sich Zuziehende sprachlich integrieren wollen: Sie wollen dazugehören. Wer neu in Essen ist, wird bald heraushören, was das Essener Deutsch ausmacht. Und er wird unter Umständen die Essener nachmachen (und dabei vielleicht auch mal danebenliegen oder übertreiben). So und nicht anders lernt man ja eine Sprache: durch Nachahmung, durch Imitation. Mit *dat* und *wat* hätte man auf jeden Fall einen guten Anfang gemacht.

tschau!

Tschüss ist ein im Norden Deutschlands beheimateter Abschiedsgruß; man kann ihn bis zur Mainlinie und auch darüber hinaus noch hören. Er geht wohl auf das spanische *adiós* zurück. Im Rheinland hat sich aus dem französischen *adieu* das Grußwort *tschö* entwickelt, das heute offensichtlich auch zwischen Köttelbecke und Ruhr immer beliebter wird.

Tschüss, tschö und *ciao* (*tschau*) sind drei Grußwörter, die auf dem ersten Essen-Fragebogen angeboten wurden; die Ergebnisse: *tschüss* 290, *tschö* 148, *ciao* (*tschau*) 93 (bei 465 Gewährspersonen insgesamt). Es zeigt sich also, einsetzend mit dem in Essen altbekannten *tschüss,* eine deutliche Staffelung. Außerdem war auf dem Fragebogen nach *tschüsskes* gefragt worden, das auch noch 90-mal gewählt wurde. Filtert man die Antworten der Menschen im Alter von 66 Jahren und älter heraus, ergibt sich folgendes Bild: 25–4–1–10 (bei 31 Gewährspersonen). Neben *tschüss* (25) stehen *tschö* (4) und *tschau* (1) bei älteren Leuten offenbar nicht sehr hoch im Kurs. Zehn der 31 älteren Essener, also ein knappes Drittel, rechneten auch *tschüsskes* zum eigenen Repertoire an Abschiedsgrüßen.

Junge Leute verzichten heute weitgehend auf dieses *tschüsskes* mit seiner aus dem Dialekt stammenden Zusatzsilbe. Als wir sie bei der zweiten Interviewserie danach fragten, zeigte sich folgendes Bild (ohne Migrationshintergrund: 30 – mit Migrationshintergrund: 10):

	aktiv	passiv	unbekannt
oM	2	19	9
mM	1	7	2

Die Mehrzahl der Jugendlichen will *tschüsskes* zwar schon mal gehört haben, greift diese Grußform aber nicht auf. Warum? Das zeigen vielleicht die Ergebnisse für *tschö*:

	aktiv	passiv	unbekannt
oM	22	8	0
mM	6	3	1

Tschö ist (mit einer Ausnahme) allen bekannt und wird von der Mehrzahl der Befragten, immer nach eigener Aussage, im Alltag verwendet.

Neben *tschö* setzen die jungen Leute heute auf *tschau*. Als wir im Interview in einer offenen Frage wissen wollten, welche Abschiedsgrüße sie denn noch hätten, nannten 20 der 40 Befragten *tschau*, daneben konnten wir dreimal *tschaui* notieren. Auf Platz zwei kam *Hau rein* (13), dreimal wurde auch *Hauste rein* gesagt. Das Englisches *bye* schließlich rechneten sechs Probanden zu ihrer Alltagssprache, dreimal wurde dann noch *bye-bye* genannt.

Als Jürgen Eichhoff vor mehr als 30 Jahren seine Karte für den »Abschiedsgruß unter guten Freunden« zeichnete, kam *tschau*, einmal abgesehen von der deutschsprachigen Schweiz, nur in vereinzelten Ausnahmefällen vor. Für das Gebiet an Rhein und Ruhr hatte Eichhoff keinen einzigen *tschau*-Beleg. Eine Gewährsperson aus Oranienburg (in der damaligen DDR) schrieb ihm, *tschau* habe dort Mitte der 1960er Jahre als schick gegolten, sei seitdem aber wieder auf dem Rückzug. Heute (2010) ist *tschau* quicklebendig, sicherlich in Essen, vielleicht auch wieder in Oranienburg. Unser *tschau* klingt, zumindest für die eigenen Ohren, wie das italienische *ciao*, das auf der Apenninhalbinsel in beiden Fällen verwendet wird, zur Begrüßung und beim Abschied. Wenn nicht alles täuscht, hat unser *tschau* aber dieselbe Funktion wie *tschüss* oder *tschö*. So grüßen wir, wenn wir gehen. Für die Begrüßung haben wir ja schon das amerikanische *hallo* übernommen.

Tach, Onkel Kruschke!

Wenn ein Kind heute den vielleicht 60 Jahre älteren Nachbarn mit *Hallo, Herr Kruschke!* anspricht, stutzt niemand (mehr). Früher hätte es vielleicht *Tach, Onkel Kruschke!* gesagt – und sich später mit *tschüsskes* verabschiedet.

Wenn die Zahlen für *tschüss, tschüsskes, tschö* und *tschau* mit deren tatsächlichen Präsenz im Alltag übereinstimmen, dann erlauben sie einen Einblick in zwei zeitgleich ablaufende Prozesse. Da ist einmal die Übernahme des rheinischen *tschö* aus dem Süden. Ähnliche Worttransfervorgänge haben sich schon bei *Schoss* oder *Otzen* gezeigt. Die geographische Nähe zum Rhein bildet die Voraussetzung für solche nachbarschaftlichen Entlehnungen. *Tschö* klingt für Essener Ohren, zumindest wenn sie jüngeren Leuten gehören, attraktiv. Dagegen wird *tschüsskes*, die kräftig regional gefärbte Variante des einheimischen Grußes *tschüss*, fallengelassen. Da von den Essenern im Rentenalter auch nur noch eine Minderheit beim Abschied *tschüsskes* hören lässt, kann diese Entwicklung nicht überraschen.

Der zweite Prozess, die Übernahme von *tschau*, hat ganz andere geographische Dimensionen. Vermutlich folgen die zwischen Köttelbecke und Ruhr beheimateten Jugendlichen dabei nicht den Rheinländerinnen in Köln oder den Westfälinnen in Münster. Nennen wir ihre Vorliebe für *tschau* ruhig eine »Sprachmode«, die eher durch die modernen Medien angestoßen wurde als durch direkte Kontakte auf Schulhöfen oder in Discos. *Tschau* gehört in dieselbe Kategorie wie *chillen* und *dissen*. Die Jugend kommt eben besonders schnell *auße Pötte* (bzw. *inne Pötte*). Auch wenn man und frau heute nicht im Internet *surfen*, wenn sie nicht *mailen* und *twittern* würden – das Essener Deutsch würde sich trotzdem verändern. Das war schon immer so. Auch dazumal, als die jungen Leute auf einmal anfingen, sich mit *tschüss* zu verabschieden.

Kartenverzeichnis

Nachweise

Zitate aus den ILR-Fragebögen werden nicht nachgewiesen.

Wie spricht Essen?

Literatur: Cornelissen 2009; Meyer 2008; Neuhaus 2008; Salewski 1998; Sprick 2009.

Köttelbecke

Material: ILR-Fragebogen 2009-2; ILR-Interview 2009-3.
Literatur: Derks 1985; Piirainen/Elling 1992; Rheinisches Wörterbuch 1928–1971, Band 5.
Zitate: »Die Londoner Armut …«: Mak 2007, S. 41; »ein Bach, dessen Wasser …«: Rheinisches Wörterbuch 1928–1971, Band 5, Sp. 1802.

Bütterken

Material: ILR-Interview 2009-2.
Literatur. Deutscher Wortatlas 1962.
Zitat: »Ich bin ein kleiner König …«: Fischer 1991, S. 102.

Pittermesser

Material: ILR-Fragebogen 2009-1.
Literatur: Honnen 1995, 2007, 2008; Kroezels op de bozzem 1991.
Zitat: »Liebes Fernsehteam …«: Zuschauer-Mail (November 2009).

Bude

Material: ILR-Fragebogen 2009-1.
Literatur: Heizmann 1991.
Zitate: »Die Bude ist ein lebendiges Stück …«: <www.lwl.org/LWL/Kultur/wim/portal/S/hannover/Ausstellungen/alteausstellungen/bude> (Stand: 5.10.2009); »Die Bude ist typisch …«: Meyer 2008, S. 32; »Die Kölner haben …«: <www.ksta.de/servlet/OriginalContentServer?pagename=ksta/ksArtikel/Druckfassung&aid=115> (Stand: 15.8.2009).

Kurze Fuffzehn

Literatur: Honnen 2009; Hesse 2004; Mrozek 2005.
Zitat: *Een, twee, drei* ...: Hesse 2004, S. A 7.

Das alte Platt von Essen

Material: Wenker-Fragebögen (Kopien im ILR-Spracharchiv).
Literatur: Cornelissen 1989; Mitzka 1952.

dat

Literatur: Klein 2000; Peters 2000; Weber 2003.
Zitate: *Cundic si* ...: Weber 2003, CD, S. 121; »Nach der Hochzeit ...«: Brockerhoff 2000, S. 172.

Blagen

Material: ILR-Fragebogen 2009-2; ILR-Interview 2009-3.
Literatur: Das rheinische Platt 1989; Honnen 2008.
Zitat: *Fasselaovend* ...: Das rheinische Platt 1989, S. 127/128 (mit veränderter Schreibung).

Dülle

Material: ILR-Interview 2009-1.
Literatur: Rheinisches Wörterbuch 1928–1971, Band 1; Westfälisches Wörterbuch 1973 ff., Band 2.
Zitate: *Kür mi* ...: Rheinisches Wörterbuch 1928–1971, Band 1, Sp. 1549 (mit veränderter Schreibung); »Anschwellung ...«/«Beule ...«: Westfälisches Wörterbuch 1973 ff., Band 2, Sp. 336/337; *Düll, Düllen* ...: Westfälisches Wörterbuch 1973 ff., Band 2, Sp. 337.

schwatt

Material: Wenker-Fragebögen (Kopien im ILR-Spracharchiv).
Literatur: Das rheinische Platt 1989; Goossens 1979, 1983; Mengel 1967; Rheinisches Wörterbuch 1928–1971, Band 3.
Zitate: »1) schwarzhaariger Junge ...«: Fellsches/Schnieber 2008, S. 165; »›Schwatten‹ ist der Ausdruck ...«: Meyer 2008, S. 105.

en bissken näher

Material: Wenker-Fragebögen (Kopien im ILR-Spracharchiv).

Literatur: Jordan/Fischer 2003; Rheinisches Wörterbuch 1928–1971, Band 1; Wrede 1908.

Gehße mit na Bredeney?

Material: Wenker-Fragebögen (Kopien im ILR-Spracharchiv).
Literatur: Cornelissen 2008c, 2009; Duden. Aussprachewörterbuch 2005; Elmentaler 2001; Henrich 2007; Mihm 1995, 2000; Mitzka 1952; Schiering 2005.

Ich danke Sie!

Material: Wenker-Fragebögen (Kopien im ILR-Spracharchiv).
Literatur: Cornelissen 2009; Damme 2003; Elmentaler 2001; Menge 1985b; Mihm 1985d, 2000; Salewski 1998.
Zitate: *Ich hab* ...: Das rheinische Platt 1989, S. 126/127 (mit veränderter Schreibung); »Nein. Das kann man ...«: Heimat am Niederrhein (Beilage der NRZ), Nr. 2, 2009, S. 37.

Mottek

Literatur: Honnen 2006; Kluge/Seebold 2002; McCook 2008; Menge 1979, 1985a.
Zitate: *Stari, Matka* ...: Ernst Bußmann, zitiert nach Menge 1979, S. 106; »Zu meinem eigenen ...«: Menge 1979, S. 107; *dobsche, galotte* ...: Menge 1985a, S. 154; »Bei den ›polnischen‹ ...«: Menge 1979, S. 92.

Krupp – eine Wörterschmiede?

Literatur: Cornelissen 1999, 2005; Hartmann 2001; Menge 1985a, 1995, 2000; Mihm 1985c, 1989, 2000; Salewski 1998; Weigt 1989.
Zitate: »Wer täglich ...«: Lodemann 2007, S. 241; »Aus Anpassungsangst ...«: Lodemann 2007, S. 240; *Un getz* ...: Salewski 1998, S. 224 (mit veränderter Schreibung).

malochen

Literatur: Duden. Das große Wörterbuch der deutschen Sprache 1999; Duden. Deutsches Universalwörterbuch 2007; Kluge/Seebold 2002; Wolf 1993.
Zitate: »sie fluchten ...«: Duden. Deutsches Universalwörterbuch 2007, S. 1107; »fast ein Paradewort ...«: Meyer 2008, S. 74; »Gastarbeiter-Anwer-

bung …«: Duden. Das große Wörterbuch der deutschen Sprache 1999, Band 6, S. 2498.

Ein Metzgermeister erinnert sich

Literatur: Duden. Jiddisches Wörterbuch 1992; Honnen 1998; Siewert 1993; Wolf 1993.
Zitat: »Sehr geehrte Damen …«: Zuschauer-Zuschrift zum WDR-Sprachquiz »dat & wat« (Oktober 2009).
Das Interview mit dem Metzgermeister Ernst Ruoß führte Hanna Mengen.

auf Trallafitti

Material: ILR-Fragebögen 2002, 2009-1.
Literatur: Cornelissen 2009; Fellsches/Schnieber 2008; Küpper 1993.
Zitate: »ausgelassen sein …«: Küpper 1993, S. 843; *Flitzpiepe, Kladeradatsch …*: Die meisten Wörter wurden von Bearbeitern und Bearbeiterinnen des ILR-Fragebogens 2009-1 genannt; Ergänzungen stammen aus Fellsches/Schnieber 2008.

Fisematenten machen

Literatur: Cornelissen 2008b; Honnen 2009.
Zitate: »*ugs. für …*«: Duden. Die deutsche Rechtschreibung 2009, S. 439; »it is ein viserunge …«: Cornelissen 2008b, S. 57.

Fitsch ma eem umme Ecke!

Literatur: Cornelissen 2006a, 2009; Goossens 1983; Schleef 1967.
Zitate: »*Es dat Lewen …*«: Rheinisches Wörterbuch 1928–1971, Band 7, Sp. 2061 (mit veränderter Schreibung); »Dä Hase …«: Schleef 1967, S. 73 (mit veränderter Schreibung).

tschüssikowski!

Literatur: Cornelissen 2009; Hartmann 2000; Honnen 2006; Kremer 2003; Menge 2000; Möller 2003.

Katernberg und Königswinter

Material: ILR-Fragebogen 2005.
Literatur: Borner 2005; Cornelissen 2005; Honnen 2008.

Zitate: *Gepattkerter …*: nach Borner 2005.

Hellbergs Sprachäquator

Literatur: Hellberg 1936.
Zitate: »Durch manche Erfahrung …«: Hellberg 1936, S. 2; »Man hat …«: Hellberg 1936, S. 2; »Je weiter südlich …«: Lodemann 2007, S. 16; »Also, da simpwer …«: Lodemann 2007, S. 172; »Diese Frau da …«: Lodemann 2007, S. 17/18; »Da ich also …«: Hellberg 1936, S. 2/3.

Stutenkerle unter sich

Material: ILR-Fragebögen 2005, 2009-2.
Literatur: Cornelissen 2006b, 2009; Döring 2007.
Zitat: »Meine Herkunft …«: Mail einer Gewährsfrau (Dezember 2005).

dem seine Olle

Material: ILR-Fragebogen 2009-2.
Literatur: Birkenhauer 2009; Eichhoff 2000; Maurmann 1898; Rheinisches Wörterbuch 1928–1971, Band 1.
Zitat: *mein Vatta sein …*: Birkenhauer 2009, S. 201.

Schoss

Material: ILR-Fragebogen 2009-2.
Literatur: Boschmann 2008; Fellsches 2008; Fellsches/Gronemann 2008; Fellsches/Kiefer-Pawlak 2009; Fellsches/Küster 2003; Kanies 1991; Lausberg/Möller 2000: Rheinisches Wörterbuch 1928–1971, Band 7.
Zitat: »das ist eine Schublade …«: Zuschauer-Mail zum WDR-Sprachquiz »dat & wat« (Oktober 2009).

Otten und Otzen

Material: ILR-Fragebogen 2009-2.
Literatur: Mitmachwörterbuch; Rheinisches Wörterbuch 1928–1971, Band 9.

aufem Bolzplatz bötschen

Material: ILR-Fragebogen 2009-2; ILR-Interview 2009-2.
Literatur: Atlas zur deutschen Alltagssprache, 4. Runde; Rheinisches Wörterbuch 1928–1971, Band 1.

Der Puhmann aus Kettwig

Material: ILR-Fragebögen 2005, 2009-2; ILR-Interview 2009-3.
Literatur: Cornelissen 2006b; Rheinisches Wörterbuch 1928–1971, Band 6.
Zitat: »Puhmann (Stutenkerl)«: Finkeldei 1965, S. 59.

Wo die Kötsche fließt

Material: ILR-Fragebogen 2009-2.
Literatur: Mihm 1985b; Salewski 1998.
Zitate: »vorteilhaftes *Geschäft* …«: Sprick 2009, S. 47; »Die regionale Differenzierung …«: Mihm 1985b, S. 176.

Essener Akzente

Literatur: Cornelissen/Klaverkamp; Gilles 2005; König 1989: Lauf 1996; Mihm 1985b; Niebaum 1977; Salewski 1998; Schmidt 2005.
Zitate: *Lehrm* (und andere Beispiele): Niebaum 1977, S. 34; »Ein Grund …«: Mihm 1985b, S. 177.
Die Essener Sprachaufnahmen hat Hanna Mengen gemacht. Die Befragungen in Düsseldorf hat Giuliana Gilges-Richards durchgeführt.

Kappes und Tinnef

Material: ILR-Fragebogen 2009-2; ILR-Interview 2009-3.
Literatur: Duden. Herkunftswörterbuch 2001; Honnen 2009; Rheinisches Wörterbuch 1928–1971.

pappsatt

Material: ILR-Fragebögen 2005, 2009-1.
Literatur: Honnen 2008; Rheinisches Wörterbuch 1928–1971, Band 6.
Zitate: … *Pappnase* …: Duden. Das große Wörterbuch der deutschen Sprache 1999, Band 6, S. 2849; »*ugs. für* …«: Duden. Die deutsche Rechtschreibung 2009, S. 809.

Hickeschlick

Material: ILR-Interview 2009-1.
Literatur: Eichhoff 1977; Martin 2007; Rheinisches Wörterbuch 1928–1971, Band 1.

Klümpchen

Material: ILR-Fragebögen 2000, 2009-1; ILR-Interviews 2009-1, 2009-3.
Literatur: Cornelissen 2002, 2005; Westfälisches Wörterbuch 1973ff., Band 1.

Huckels

Material: ILR-Fragebögen 2009-1, 2009-2; ILR-Interview 2009-1; Wenker-Fragebögen (Kopien im ILR-Spracharchiv); Willems-Fragebogen für Steele (Kopie im ILR-Spracharchiv).
Literatur: Duden. Die Grammatik 2005; Goossens 1985; Jordan/Fischer 2003; Maurmann 1898; Niebaum 1977.
Zitate: *Düwels, Schlöttels* usw.: Willems-Fragebogen (mit veränderter Schreibung); »Ich ging …«: Niebaum 1977, S. 76.

Pinneken

Material: ILR-Fragebögen 2002, 2009-1; ILR-Interviews 2009-2, 2009-3.
Literatur: Cornelissen 2009; Elmentaler u.a. 2006; Elspaß/Möller 2006; Möller 2006; Niebaum/Macha 2006.

knibbeln

Material: ILR-Fragebogen 2002.
Literatur: Cornelissen 2004, 2005.

dissen

Material: ILR-Interview 2009-3.
Literatur: Androutsopoulos 2005; Neuland 1998; Pons. Wörterbuch der Jugendsprache 2002; Rheinisches Wörterbuch 1928–1971, Band 4.
Zitate: »verächtlich machen …«: . Duden. Die deutsche Rechtschreibung 2009, S. 351; »Peace, Alter …«: Pons. Wörterbuch der Jugendsprache 2002, S. 19; »ruhig …«: Duden. Die deutsche Rechtschreibung 2009, S. 318.

hasse

Material: ILR-Fragebogen 2005; ILR-Interviews 2009-1, 2009-3.
Literatur: Atlas zur deutschen Alltagssprache, Runde 1; Cornelissen 2008c; Mihm 1995; Mitmachwörterbuch.
Zitat: »Willst du mich …«: Hä?? Jugendsprache unplugged 2009, S. 42.

inne

Material: ILR-Fragebögen 2002, 2005; ILR-Interview 2009-3.
Literatur: Cornelissen 2005; Damme 2003; Duden. Die Grammatik 2005; Menge 1985b.
Zitat: »Besonders in der …«: Duden. Die Grammatik 2005, S. 625.

Die Attraktivität einer Sprache

Material: ILR-Interviews 2009-1, 2009-2.
Literatur: Cornelissen 2008a; Dittmar 1997; Mihm 2000; Schmidt 2005.
Zitate: »dient als …«: Dittmar 1997, S. 201; »Riskieren Sie nie …«: Birkenhauer 2009, S. 204.

tschau!

Material: ILR-Fragebogen 2009-1; ILR-Interview 2009-2.
Literatur: Cornelissen 2002, 2009; Eichhoff 1977; Möller 2003.

Literatur

Androutsopoulos, Jannis: … *und jetzt gehe ich chillen*: Jugend- und Szenesprachen als lexikalische Erneuerungsquellen des Standards. In: Eichinger/Kallmeyer 2005, S. 171–206.

Atlas zur deutschen Alltagssprache. Von Stephan Elspaß und Robert Möller: <www.philhist.uni-augsburg.de/lehrstuehle/germanistik/sprachwissenschaft/ada> (1. Runde, 4. Runde.).

Birkenhauer, Klaus: Ruhrgebietsdeutsch in dreißig Regeln. In: Sprick 2009, S. 189–204.

Borner, Matthias E.: Pölter, Plörre und Pinöckel. 4. Aufl. Gütersloh 2005.

Boschmann, Werner: Lexikon der Ruhrgebietssprache von Aalskuhle bis Zymtzicke. Mit den Höhepunkten der deutschen Literatur – in reinem Ruhrdeutsch. 9. Aufl. Bottrop 2008.

Brockerhoff, Josef: Das kleine Wörtchen »wat«. Selbst hochgebildete Rheinländer können sich ihm kaum entziehen. In: Heimat-Jahrbuch Wittlaer 2000, S. 172.

Cornelissen, Georg: Die ›alten‹ Dialekte von Duisburg, Oberhausen, Mülheim/Ruhr und Essen – vier Sprachzeugnisse. In: Volkskultur an Rhein und Maas 8, 1989, Heft 1 (»VRM-Spezial Ruhrgebiet«), S. 56–63.

Cornelissen, Georg: Regiolekte im deutschen Westen. Forschungsansätze. In: Jahrbuch des Vereins für niederdeutsche Sprachforschung 122, 1999, S. 91–114.

Cornelissen, Georg: Muster regionaler Umgangssprache. Ergebnisse einer Fragebogenerhebung im Rheinland. In: Zeitschrift für Dialektologie und Linguistik 69, 2002, S. 275–313.

Cornelissen, Georg: Zum Regiolekt junger Leute im Rheinland. Befragungsergebnisse. In: Helen Christen (Hrsg.): Dialekt, Regiolekt und Standardsprache im sozialen und zeitlichen Raum. Beiträge zum 1. Kongress der Internationalen Gesellschaft für Dialektologie des Deutschen, Marburg/Lahn, 5.–8. März 2003. Unter Mitarbeit von Agnès Noyer. Wien 2004, S. 179–198.

Cornelissen, Georg: Rheinisches Deutsch. Wer spricht wie mit wem und warum. 2. Aufl. Köln 2005.

Cornelissen, Georg: Rad, Fitz und Leeze. Das ›Fahrrad‹ in der regionalen Umgangssprache von Nordrhein-Westfalen. In: Wir im Rheinland 24, 2006, Heft 1, S. 48–53. (zit. 2006a)

Cornelissen, Georg: Weckmann kontra Stutenkerl. Sprachliche Verdrängungswettbewerbe im Rheinland. In: Wir im Rheinland 24, 2006, Heft 2, S. 6–14. (zit. 2006b)

Cornelissen: Georg: Meine Oma spricht noch Platt. Wo bleibt der Dialekt im Rheinland? Köln 2008. (zit. 2008a)

Cornelissen, Georg: Das Faible für Fisimatenten. Die Rheinländer und ihre »franzosenzeitlichen« Lehnwörter. In: Kerstin Theis/Jürgen Wilhelm (Hrsg.): Frankreich am Rhein. Die Spuren der »Franzosenzeit« im Westen Deutschlands. Köln 2008, S. 43–60. (zit. 2008b)

Cornelissen, Georg: Areale Strukturen und generationenabhängige Varianz auf Regiolektkarten des Rheinlandes. In: Stephan Elspaß/Werner König (Hrsg.): Sprachgeographie digital. Die neue Generation der Sprachatlanten (mit 80 Karten). (= Germanistische Linguistik 190/191). Hildesheim u.a. 2008, S. 53–72. (zit 2008c)

Cornelissen, Georg: Der Niederrhein und sein Deutsch. Sprechen tun et fast alle. 3.Aufl. Köln 2009.

Cornelissen, Georg/Klaverkamp, Sonja: Neusser Hochdeutsch. Wie wird es ausgesprochen? Eine Stichprobe: <www.rheinische-landeskunde.lvr.de/kompetenz/Sprache/wer_spricht/neusser+hochdeutsch.htm>.

Damme, Robert: Zum Dativ des Substantivs in den westfälischen Mundarten. In: Von *Beschrivinge* bis *Wibbelt* 2003, S. 71–84

Das rheinische Platt – Eine Bestandsaufnahme. Handbuch der rheinischen Mundarten, Teil 1: Texte. Hrsg. von Georg Cornelissen/Peter Honnen/Fritz Langensiepen. (= Rheinische Mundarten 2). Köln 1989. (Mit Tonkassette)

Derks, Paul: Die Siedlungsnamen der Stadt Essen. Sprachliche und geschichtliche Untersuchungen. (= Beiträge zur Geschichte von Stadt und Stift Essen 100). Essen 1985.

Deutscher Wortatlas. Band 12: Hrsg. von Walther Mitzka und Ludwig Erich Schmitt. Gießen 1962.

Dittmar, Norbert: Grundlagen der Soziolinguistik – Ein Arbeitsbuch mit Aufgaben. (= Konzepte der Sprach- und Literaturwissenschaft 57). Tübingen 1997.

Döring, Alois: Rheinische Bräuche durch das Jahr. 2.Aufl. Köln 2007.

Duden. Aussprachewörterbuch. Bearbeitet von Max Mangold in Zusammenarbeit mit der Dudenredaktion. (= Duden 6). 6., überarbeitete und aktualisierte Aufl. Mannheim u.a. 2005.

Duden. Das große Wörterbuch der deutschen Sprache. In zehn Bänden. Hrsg. vom Wissenschaftlichen Rat der Dudenredaktion. 3., völlig neu bearbeitete und erweiterte Aufl. Mannheim u.a. 1999.

Duden. Deutsches Universalwörterbuch. Hrsg. von der Dudenredaktion. 6., überarbeitete und erweiterte Aufl. Mannheim u.a. 2007.

Duden. Die deutsche Rechtschreibung. Hrsg. von der Dudenredaktion. Auf der Grundlage der aktuellen amtlichen Rechtschreibregeln. (= Duden 1). 25., völlig neu bearbeitete und erweiterte Aufl. Mannheim u.a. 2009.

Duden. Die Grammatik. Unentbehrlich für richtiges Deutsch. Hrsg. von der Dudenredaktion. (= Duden 4). 7., völlig neu erarbeitete und erweiterte Aufl. Mannheim u.a. 2005.

Duden. Herkunftswörterbuch. Etymologie der deutschen Sprache. Hrsg. von der Dudenredaktion. Auf der Grundlage der neuen amtlichen Rechtschreibregeln. (= Duden 7). 3., völlig neu bearbeitete und erweiterte Aufl. Mannheim u.a. 2001.

Duden. Jiddisches Wörterbuch. Von Ronald Lötzsch. 2., durchgesehene Aufl. Mannheim u.a. 1992.

Ehlich, Konrad/Elmer, Wilhelm/Noltenius, Rainer (Hrsg.): Sprache und Literatur an der Ruhr. Redaktion: Stephan Schlickau. (= Schriften des Fritz-Hüser-Instituts der Stadt Dortmund, Reihe 2/10). Essen 1995.

Eichhoff, Jürgen: Wortatlas der deutschen Umgangssprachen. Band 1–4. Bern/München 1977, 1978, 1993, 2000.

Eichinger, Ludwig M./Kallmeyer, Werner (Hrsg.): Standardvariation. Wie viel Variation verträgt die deutsche Sprache? (= Jahrbuch 2004 des Instituts für Deutsche Sprache). Berlin/New York 2005.

Elmentaler, Michael: Sprachgrenzen und Sprachschichtungen im Rheinland. Zur sprachlichen Genese des »Rheinischen«. In Kortländer/Grimm 2001, S. 119–144.

Elmentaler, Michael u.a.: Sprachvariation in Norddeutschland. Ein Projekt zur Analyse des sprachlichen Wandels in Norddeutschland. In: Voeste/Gessinger 2006, S. 159–178.

Elspaß, Stephan/Möller, Robert: Internet-Exploration: Zu den Chancen, die eine Online-Erhebung regional gefärbter Alltagssprache bietet. In: Voeste/Gessinger 2006, S. 143–158.

Fellsches, Josef: Duisburger Wortschätzchen. Mit Zeichnungen von Johannes Habig. 4. Aufl. o. O. 2008.

Fellsches, Josef/Gronemann, Peter: Dortmunder Wortschätzchen. Mit Zeichnungen von Johannes Habig. 5. Aufl. o. O. 2008.

Fellsches, Josef/Kiefer-Pawlak, Cäcilia: Gelsenkirchener Wortschätzchen. Mit Zeichnungen von Johannes Habig. 4. Aufl. o. O. 2009.

Fellsches, Josef/Küster, Rainer: Bochumer Wortschätzchen. Mit Zeichnungen von Johannes Habig. 6. Aufl. o. O. 2003.

Fellsches, Josef/Schnieber, Frank: Essener Wortschätzchen. Mit Zeichnungen von Johannes Habig. 3. Aufl. 2008. o. O. 2008.

Finkeldei, Hermann: Wörterbuch *Mölmsch Platt – Hochdeutsch*. Übersetzungen und Erläuterungen. o. O. 1965.

Firla, Franz: RuSaKeWe. Alte und neue Texte in den Mundarten der unteren Ruhr bei Ruhrort, Saarn, Kettwig und Werden. Mit Wörterlisten Platt – Hochdeutsch. Mülheim-Saarn o. J.

Fischer, Helmut: Kinderreime im Ruhrgebiet. Reime, Lieder, Spiellieder, Rätsel, Scherzfragen und Witze. (= Werken und Wohnen 18). Köln 1991.

Gilles, Peter: Regionale Prosodie im Deutschen. Variabilität in der Intonation von Abschluss und Weiterweisung. (= Linguistik – Impulse & Tendenzen 6). Berlin/New York 2005.

Goossens, Jan: Zum Verhältnis von mundartlichem und umgangssprachlichem Wortschatz in Niederdeutschland. In: Wolfgang Kramer/Ulrich Scheuermann/Dieter Stellmacher (Hrsg.): Gedenkschrift für Heinrich Wesche. Neumünster 1979, S. 39–51.

Goossens, Jan: Sprache. In: Westfälische Geschichte. Unter Mitarbeit von Manfred Balzer u. a. hrsg. von Wilhelm Kohl. Band 1. Düsseldorf 1983, S. 55–80.

Goossens, Jan: Niederrheinische Mundarten in der Enquête von Pieter Willems (1885). In: Mihm 1985a, S. 48–62.

Hä?? Jugendsprache unplugged 2009. Deutsch, Englisch, Spanisch, Französisch, Italienisch. Berlin u. a. 2009.

Hallenberger, Dirk/Volmert, Johannes (Hrsg.): »Ruhrdeutsch – dat sacht wat Sache is«. Die Sprache im Ruhrgebiet. Texte und Materialien für den Deutschunterricht der Sekundarstufe I. Paderborn 1990.

Hallenberger, Dirk/Volmert, Johannes (Hrsg.): »Tuusse ma eem im Kabäusken fitschen…«. Die Sprache im Ruhrgebiet. Texte und Materialien für den Deutschunterricht der Sekundarstufe II. Paderborn 1990.

Hartmann, Dietrich: Zu Wortbildung und Metaphorik im umgangssprachlichen Wortschatz des Ruhrgebiets. Gunter Müller zum 60. Geburtstag. In: Niederdeutsches Wort 40, 2000, S. 27–46.

Hartmann, Dietrich: Das Projekt eines Wörterbuchs der regionalen Umgangssprache im Ruhrgebiet als Regionalwörterbuch. In: Niederdeutsches Wort 41, 2001, S. 33–55.

Heizmann, Berthold: Trinkhallen. Versuch einer volkskundlich-historischen Annäherung an die Alltagskultur. In: Volkskultur an Rhein und Maas 8, 1989, Heft 1 (»VRM-Spezial Ruhrgebiet«), S. 16–24.

Hellberg, Helmut: Studien zur Dialektgeographie im Ruhrgebiet und im Vest Recklinghausen. Mit 1 Karte. (= Deutsche Dialektgeographie 37). Marburg 1936.

Henrich, Karl-Heinz: Ruhrdeutsch. Die Sprache des Reviers. (= Kauderwelsch 146). 3. Aufl. Bielefeld 2007.

Hesse, Reinhard (Hrsg.): Byfänger Platt. Geschichten, Wörterbücher und vieles mehr. Essen-Byfang 2004.

Honnen, Peter: Hitliste des mundartlichen Wortschatzes. In: Volkskultur an Rhein und Maas 14, 1995, Heft 1, S. 44–60.

Honnen, Peter: Geheimsprachen im Rheinland. Eine Dokumentation der Rotwelschdialekte in Bell, Breyell, Kofferen, Neroth, Speicher und Stotzheim. (= Rheinische Mundarten 10). Köln 1998.

Honnen, Peter: Von Dulleks, Proscheks und anderen Lelleks. Zum besonderen Wortschatz des Ruhrdeutschen. In: Wir im Rheinland 24, 2006, Heft 2, S. 38–44.

Honnen, Peter: Des Rheinlands liebste Mundartwörter. In: Wir im Rheinland 25, 2007, Heft 2, S. 40–45.

Honnen, Peter: Kappes, Knies und Klüngel. Regionalwörterbuch des Rheinlands. 6. Aufl. Köln 2008.

Honnen, Peter: Alles Kokolores? Wörter und Wortgeschichten aus dem Rheinland. 3. Aufl. Köln 2009.

Jordan, Sabine/Fischer, Christian: Zur Diminutivbildung im Westfälischen. Mit vier Karten. In: Von *Beschrivinge* bis *Wibbelt* 2003, S. 85–97.

Kanies, Helga: »Sarret ährlich«. Die Sprache im Ruhrgebiet. Bonn 1991.

Kellermeier, Birte: Sprachvariation und Schulerfolg in Duisburg. In: Dieter Heimböckel (Hrsg.): Sprache und Literatur am Niederrhein. (= Schriftenreihe der Niederrhein-Akademie 3). Bottrop/Essen 1998, S. 35–54.

Klein, Thomas: Rheinische und westfälische Sprachgeschichte bis 1300. In: Macha/Neuß/Peters 2000, S. 3–48.

Kluge. Etymologisches Wörterbuch der deutschen Sprache. Bearbeitet von Elmar Seebold. 24., durchgesehene und erweiterte Aufl. Berlin/New York 2002.

König, Werner: Atlas zur Aussprache des Schriftdeutschen in der Bundesrepublik Deutschland. Band 1: Text. Band 2: Tabellen und Karten. Ismaning 1989.

Kortländer, Bernd/Grimm, Gunter E. 2001 (Hrsg.): »Rheinisch«. Zum Selbstverständnis einer Region. Stuttgart/Weimar 2001.

Kremer, Ludger: *Pinnaokel – Pinnörkel – Pinnorek*. Ein lateinisch-niederländisches Lehnwort im Rheinland und in Westfalen. In: Von *Beschrivinge* bis *Wibbelt* 2003, S. 107–113.

Kroezels op de bozzem. Het dialectenboek. Red.: Herman Crompvoets/Ad Dams. Waalre 1991.

Küpper, Heinz: Wörterbuch der deutschen Umgangssprache. Stuttgart/Dresden 1993.

Lauf, Raphaela: »Regional markiert«: großräumliche Umgangssprache(n) im niederdeutschen Raum. In: Niederdeutsches Jahrbuch 119, 1996, S. 193–218.

Lausberg, Helmut/Möller, Robert: Rheinischer Wortatlas. Bonn 2000.

Lodemann, Jürgen: Erinnerungen in der Zornigen Ameise an Geburt, Leben, Ansichten und Ende der Anita Drögemöller und Die Ruhe an der Ruhr. Roman. (= Wir in Nordrhein-Westfalen. Unsere gesammelten Werke 22). Essen 2007.

Macha, Jürgen/Neuß, Elmar/Peters, Robert (Hrsg.): Rheinisch-westfälische Sprachgeschichte. Unter Mitarbeit von Stephan Elspaß. Köln/Weimar/Wien 2000.

Mak, Geert: In Europa. Eine Reise durch das 20. Jahrhundert. Aus dem Niederländischen von Andreas Ecke und Gregor Seferens. o.O. 2007.

Martin, Michael: *Achtung: Nürsel!* Wortschätze des Sauerlands von A–Z. Band 2. o.O. 2007.

Maurmann, Emil: Grammatik der Mundart von Mülheim a.d. Ruhr. Neudruck der Ausgabe von 1898, Wiesbaden 1969.

McCook, Brian: Polnische industrielle Arbeitswanderer im Ruhrgebiet (›Ruhrpolen‹) seit dem Ende des 19. Jahrhunderts. In: Enzyklopädie Migration in Europa. Vom 17. Jahrhundert bis zur Gegenwart. Hrsg. van Klaus J. Bade u.a. Redaktionelle Mitarbeit: Corrie van Eijl, Marlou Schrover, Michael Schubert. 2.Aufl. Paderborn u.a. 2008, S. 870–879.

Menge, Heinz H.: Einflüsse aus dem Polnischen im Ruhrgebiet? Exemplarische Behandlung eines Kapitels aus der »Volkslinguistik«. In: Niederdeutsches Wort 19, 1979, S. 86–116.

Menge, Heinz H.: War das Ruhrgebiet auch sprachlich ein Schmelztiegel? In: Mihm 1985a, S. 149–162. (zit. 1985a)

Menge, Heinz H.: Regionalsprache Ruhr: Grammatische Variation ist niederdeutsches Substrat. Eine forschungsleitende Hypothese. In: Mihm 1985a, S. 194–200. (zit. 1985b)

Menge, Heinz H.: Noch einmal von vorn? Zur Systematisierung der sprachlichen Variation im Ruhrgebiet. In: Ehlich/Elmer/Noltenius 1995, S. 35–51.

Menge, Heinz H.: Sprachgeschichte des Ruhrgebiets. In: Macha/Neuß/Peters 2000, S. 337–347.

Mengel, Erich: Bergische Sprachgeschichte. Studien zur historischen Grammatik der innerbergischen Mundarten. Teil I: Die Laute. Band I: Vokale und Diphthonge. Remscheid 1967.

Meyer, Jürgen: *wat is, is wat*? Das Ruhrstadt-Wörterbuch. (= Wir in Nordrhein-Westfalen. Unsere gesammelten Werke 60). Essen 2008.

Mihm, Arend (Hrsg.): Sprache an Rhein und Ruhr. Dialektologische und soziolinguistische Studien zur sprachlichen Situation im Rhein-Ruhr-Gebiet und ihrer Geschichte. Mit 22 Karten und 7 Abbildungen. (= Zeitschrift für Dialektologie und Linguistik, Beihefte 50). Stuttgart 1985. (zit. Mihm 1985a)

Mihm, Arend: Prestige und Stigma des Substandards. Zur Bewertung des Ruhrdeutschen im Ruhrgebiet. In: Mihm 1985a, S. 163–193. (zit. Mihm 1985b)

Mihm, Arend: Sprachlandschaft Duisburg. In: Mihm 1985a, S. 201–222. (zit. 1985c)

Mihm, Arend: Zur Enstehung neuer Sprachvarietäten. Ruhrdeutscher Kasusgebrauch und seine Erklärung. In: Mihm 1985a, S. 245–276. (zit. Mihm 1985d)

Mihm, Arend: Alter und neuer Dialekt im Industriegebiet. Zum Sprachgebrauch in der Region Duisburg. In: Volkskultur an Rhein und Maas 8, 1989, Heft 1 (»VRM-Spezial Ruhrgebiet«), S. 64–77.

Mihm, Arend: Die Realität des Ruhrdeutschen – soziale Funktion und sozialer Ort einer Gebietssprache. In: Ehlich/Elmer/Noltenius 1995, S. 15–34.

Mihm, Arend: Die Rolle der Umgangssprachen seit der Mitte des 20. Jahrunderts. In: Sprachgeschichte. Ein Handbuch zur Geschichte der deutschen Sprache und ihrer Erforschung. Hrsg. von Werner Besch u.a. Teilband 2. (= Handbücher zur Sprach- und Kommunikationswissenschaft 2.2). 2. Aufl. Berlin/New York 2000, S. 2107–2137.

Mitmachwörterbuch des LVR-Instituts für Landeskunde und Regionalgeschichte. Redaktion: Peter Honnen: <www.mitmachwoerterbuch.lvr.de>

Mitzka, Walther: Handbuch zum Deutschen Sprachatlas. Marburg 1952.

Möller, Robert: Das rheinische *tschö*. In: Rheinische Vierteljahrsblätter 67, 2003, S. 333–339.

Möller, Robert: Mögliches und Unmögliches zwischen Dialekt und Standard. Kookkurrenzrestriktionen als Zugang zur Struktur regionaler Umgangssprache im Rheinland. In: Voeste/Gessinger 2006, S. 101–117.

Mrozek, Bodo: Lexikon der bedrohten Wörter. 3. Aufl. Reinbek bei Hamburg 2005.

Neuhaus, Hilde: *Tach zusammen*! München 2008.

Neuland, Eva: Vergleichende Beobachtungen zum Sprachgebrauch Jugendlicher verschiedener regionaler Herkunft. In: Jannis K. Androutsopoulos/Arno Scholz (Hrsg.): Jugendsprache – langue des jeunes – youth language. Linguistische und soziolinguistische Perspektiven. (= VariaLingua. Nonstandard – Standard – Substandard 7). Frankfurt a. M. u. a. 1998, S. 71–90.

Niebaum, Hermann: Westfälisch. (= Dialekt/Hochsprache – kontrastiv 5). Düsseldorf 1977.

Niebaum, Hermann/Macha, Jürgen: Einführung in die Dialektologie des Deutschen. 2., neubearbeitete Aufl. (= Germanistische Arbeitshefte 37). Tübingen 2006.

Peters, Robert: Westfälische Sprachgeschichte von 1300 bis 1500. In: Macha/Neuss/Peters 2000, S. 101–119.

Piirainen, Elisabeth/Elling, Wilhelm: Wörterbuch der westmünsterländischen Mundart. Hrsg. vom Heimatverein Vreden unter Mitarbeit zahlreicher Gewährsleute. (= Beiträge des Heimatvereins Vreden zur Landes- und Volkskunde 40). Vreden 1992.

Pons. Wörterbuch der Jugendsprache. Deutsch – Englisch, Deutsch – Französisch, Deutsch – Spanisch. Von Schülerinnen und Schülern aus ganz Deutschland. Stuttgart 2002.

Reviertalk. Redaktion: Jürgen Hoffmann u.a.: <www.reviertalk.de>.

Rheinisches Wörterbuch. Im Auftrag der Preußischen Akademie der Wissenschaften […] hrsg. und bearb. von Josef Müller u.a. Bonn/Berlin 1928–1971.

Ruhrgebietssprache: <www.ruhrgebietssprache.de>.

Salewski, Kerstin: Zur Homogenität des Substandards älterer Bergleute im Ruhrgebiet. (= Zeitschrift für Dialektologie und Linguistik, Beihefte 99). Stuttgart 1998.

Schiering, René: Flektierte Präpositionen im Deutschen? Neue Evidenz aus dem Ruhrgebiet. In: Zeitschrift für Dialektologie und Linguistik 72, 2005, S. 52–79.

Schleef, Wilhelm: Dortmunder Wörterbuch. (= Niederdeutsche Studien 13). Köln/Graz 1967.

Schmidt, Jürgen Erich: Die deutsche Standardsprache: eine Varietät – drei Oralisierungsnormen. In: Eichinger/Kallmeyer 2005, S. 278–305.

Scholten, Beate: Standard und städtischer Substandard bei Heranwachsenden im Ruhrgebiet. (= Reihe Germanistische Linguistik 88). Tübingen 1988.

Siewert, Klaus: *Olf, bes, kimmel, dollar, hei* … Handwörterbuch der Münsterschen Masematte. In Zusammenarbeit mit den letzten alten Sprechern und den Mitgliedern der Projektgruppe Masematte. Münster/New York 1993.

Sprick, Claus: Hömma! Sprache im Ruhrgebiet. Mit einem grammatischen Anhang »Ruhrgebietsdeutsch in dreißig Regeln« von Klaus Birkenhauer. 12., überarbeitete und erweiterte Aufl. Essen 2009.

Voeste, Anja/Gessinger, Joachim (Hrsg.): Dialekt im Wandel. Perspektiven einer neuen Dialektologie. (= Osnabrücker Beiträge zur Sprachtheorie 71). Osnabrück 2006.

Volmert, Johannes: Jugend und Ruhrgebietssprache: Die regionale Varietät in der Freizeit – und als Unterrichtsgegenstand? In: Ehlich/Elmer/Noltenius 1995, S. 53–75.

Von *Beschrivinge* bis *Wibbelt*. Felder niederdeutscher Forschung. Festgabe für Hans Taubken zum 60. Geburtstag am 8. September 2003. Hrsg. von Robert Damme, Jürgen Macha und Gunter Müller. (= Niederdeutsches Wort 43). Münster 2003.

Weber, Hildegard: Venlo – Duisburg – Essen. Diatopische Untersuchungen zu den historischen Stadtsprachen im 14. Jahrhundert. (= Germanistische Bibliothek 14). Heidelberg 2003.

Weigt, Hans-Georg: Ruhrdeutsch: Mischsprache oder »Hochdeutsch auf Klompen«? In: Volkskultur an Rhein und Maas 8, 1989, Heft 1 (»VRM-Spezial Ruhrgebiet«), S. 78–82.

Westfälisches Wörterbuch. Hrsg. von der Kommission für Mundart- und Namenforschung des Landschaftsverbandes Westfalen-Lippe [...] von Jan Goossens u.a. Neumünster. Band 1: 1973 ff. Band 2: 1997 ff.

Wolf, Siegmund A.: Deutsche Gaunersprache. Wörterbuch des Rotwelschen. Hamburg 1993.

Wrede, Ferdinand: Die Diminutiva im Deutschen. In: Deutsche Dialektgeographie 1, 1908, S. 71–144.